KB054058

새로운 삶을 꿈꾸며,
오늘도 퇴사를 꿈꾸는
이 시대의 모든 직장인에게 이 책을 바칩니다.

퇴 사 · 준 비 생 을 · 위 한 · 1 인 · 기 업 · 지 침 서

완벽한 퇴사

A PERFECT
RESIGNATION

우희경 • 전민경 지음

PRISM

1인 기업을 하기에 지금만큼 좋은 때는 없다

클래스101, 크몽, 클래스유, 라이프해킹스쿨 등 교육 관련 플랫폼 시장이 눈부시게 성장하고 있다. 덕분에 배움을 원하는 사람은 언제, 어디서든 핸드폰만 있으면 원하는 분야를 공부할 수 있는 시대가 되었다.

몇 년 전만 해도 자신의 경험이나 지식에 스스로 '가치'를 매겨 판매하는 것은 상상할 수도 없었다. 반면에 최근에는 전문 영역이 다양해졌고, 소비자의 욕구도 세분화됐다. 과거에는 학위를 가진 학자만의 영역으로 여겨졌던 교육의 범위가 더 넓어지는 현상은 트렌드이기도 하다.

이제는 대학생이 가르치는 스마트스토어 강의를 듣고, 편의점

아르바이트만 했다는 20대 인플루언서의 인스타그램 강의에 사람들이 모인다. 개인이 가진 작은 성공 경험의 가치가 높아진 것이다.

미국이나 일본 같은 선진국에서는 이미 이러한 현상이 보편화되었다. 기그^{gig} 경제의 출현으로 프리에이전트^{free-agent, 자영업자 또는 프리랜서}가 늘어나면서 이들을 중심으로 새로운 플랫폼 개발자들이 교육의 영역을 넓힌 것이다.

실제로 플랫폼을 통한 교육이 아니더라도 블로그, 인스타그램, 유튜브를 통해 소규모 강의가 열리고, 이런 강의를 이용하는 사람들이 많다. 각자의 필요나 흥미, 취미를 만족시키기 위해 '생산자 모임', '새벽 기상 인증 모임', '글쓰기 모임', '독서 모임' 등의 온라인 모임도 흔히 볼 수 있다. 나의 지식과 경험이 오늘날처럼 쓸모있어진 것은 시대의 흐름이다.

다시 말해, 이는 누구나 자신이 겪은 경험과 알고 있는 지식에 가치를 부여하고 전문성을 더하면 지식 창업을 할 수 있다는 뜻이기도 하다.

7년 전, 필자는 항공사에 근무한 경험을 바탕으로 대학에서 취업과 진로에 관한 강의를 했다. 항공사에서 근무한 사람은 많지만, 업무 경험에 가치를 부여하고 정리하여 강의 콘텐츠로 만들 수 있는 사람은 많지 않았다.

항공사에서 근무한 사람이라면 누구나 아는 지식에 실제 경험을 더하고 자료를 조사하여 만들어낸 강의 콘텐츠로 강사라는 직업까지 갖게 된 것이다. 이렇게 관점을 달리하면 누구나 또 다른 직업과 수입원을 얻을 수 있는 시대가 되었다.

이처럼 나의 경험을 온라인 플랫폼을 통해 정보와 지식 콘텐츠로 만들어 공유하면, 그 콘텐츠는 시간이 흐르면서 가치가 더해져 자본이 된다. 그래서 이미 많은 사람이 온라인 콘텐츠를 통해 지식 창업을 하고 있다. '가치'는 내가 정하는 것일 수도 있고, 사람들이 가치를 부여하기도 한다.

예를 들어, 손재주가 뛰어난 사람이 직접 가방을 만들어서 그 과정을 온라인 콘텐츠로 올렸다고 하자. 시간이 지나면서 점점 많은 사람들이 찾아보고 입소문이 퍼지면 그 가방을 좋아하는 사람이 생길 것이고, 사고 싶은 사람도 늘어날 것이다. 혹은 나만의 핸드메이드 가방 만드는 방법을 배우고 싶어 하는 사람도 생길 수 있다. 그러면 온라인상에서 '가방 만들기 클래스'를 론칭할 수도 있다. 바로 1인 기업의 시작이다.

어떤 이는 가방을 만드는 게 무슨 대단한 지식이냐고 반문할지 모른다. 그러나 누구나 예쁘게 가방을 만들 수 있는 건 아니다.

기본적으로 꼼꼼함과 디자인을 구성하는 능력이 있어야 하기 때문이다. 게다가 타고난 자질과 오랜 시간 갈고닦은 바느질 실력이 뒷받침되어야 상품화할 가방을 만들 수 있다.

한편 가방 만드는 기술을 가진 사람은 실력을 연마하는 동안 좀 더 쉽고 빠르고 예쁘게 만드는 방법을 공부했을 것이고, 자신만의 노하우가 생겼을 것이다. 그것이 바로 자신만의 가치가 된다.

이런 노하우를 잘 정리해서 강의로 만들 수 있다면 그것이 곧 지식 창업이 된다. 즉, 누구나 할 수 있는 일을 아무나 할 수 없는 일로 만드는 것이 1인 지식 기업이 가져야 할 태도라고 할 수 있다.

피터 드러커Peter Drucker는《넥스트 소사이어티》에서 지식사회에서 지식은 핵심적인 자원이며, 지식 근로자는 지배적인 집단이 될 것이라고 주장했다. 이미 지식사회는 시작되었고, 세계 어느 곳에서나 저명한 작가나 인플루언서가 쓴 글을 검색하면 지구 반대편에서 바로 볼 수 있는 시대가 되었다.

그뿐 아니라, 이제는 지식과 정보사회에서 감성과 스토리가 중요해지는 시대로 한 단계 나아가고 있다. 지식과 정보에 나만의 스토리를 입히면 그것이 곧 고유한 브랜드가 되는 시대로 접어들었다는 의미다. 이러한 시대에 퍼스널 브랜딩을 통한 1인 지식 창업은 누구에게나 성공으로 나아가는 좋은 기회가 될 것이다.

트렌드 분석가이자 경영 전략 컨설턴트인 김용석은 《프로페셔널 스튜던트》에서 인공지능과 자동화가 시대적 흐름이자 당연한 일상이 되면 전통적인 시스템인 정규직은 점점 줄어들 것이라고 말한다. 그렇다면 스스로 스타트업을 시작하거나 1인 기업이 되어 독자적인 생존 기반을 갖춰야 살아남을 수 있을 것이다. 이런 트렌드 분석은 시사하는 바가 크다.

이미 이런 흐름은 트렌드를 넘어 일상이 되었고, 앞으로도 이런 상황은 계속될 것으로 보인다. 평생직장, 평생 직업이 사라져가는 시대에 자신의 지식과 경험을 잘 다듬고 스토리를 만들어 가치를 높여야 한다. 또한 그것을 상품화하여 판매하는 1인 지식 창업이야말로 새로운 일자리 대안이 될 것이다.

이제는 유튜브만 잘 검색해도 세계적으로 유명한 교수들의 명강의를 집에 앉아 들을 수 있다. 이런 세상에서 지식은 오픈소스가 될 것이므로, 더 이상은 학벌이나 지연, 학연으로 성공할 수 없게 될 것이다. 그보다는 기존의 지식을 연결하고 통합하여 새로운 콘텐츠로 만들어내는 통섭력과 창의력이 중요해졌다.

한편 예전에는 특정 자격증이나 학위가 있어야 전문성이 있다고 인정받았지만, 요즘은 자신만의 세계를 구축하여 효과적으로 표현하는 사람들이 전문가로 대접받는다.

예를 들어, 부동산학과를 나오거나 공인중개사로 일하지는 않았지만 독학으로 부동산을 공부하여 성공한 사람들이 자신들의 사례를 콘텐츠로 만들면, 부동산으로 돈을 벌고 싶은 사람이라면 그 수업을 들을 것이다.

미래학자들은 이런 흐름은 앞으로도 계속될 것이라고 말한다. 다른 선진국처럼 개인의 경험에서 나온 지식이 전문성으로 인정받는 것이다.

그러므로 자신이 경험한 분야에 지식을 접목하여 상품화하면 누구나 1인 기업을 세울 수 있다. 다행히 플랫폼이 다양하게 발달하면서 예전만큼 창업의 장벽이 높지 않고, 콘텐츠가 충실하고 풍부하게 제공할 수 있다면 누구나 쉽게 지식 기업을 창업할 수 있게 되었다.

1인 지식 기업은 개인의 역량을 펼칠 수 있을 뿐 아니라 이를 자신의 일로 만드는 방법이면서 계속 이어나갈 수 있는 길이기도 하다. 시대의 흐름에 맞게 '나' 주식회사에 스스로를 고용하는 시스템이 바로 1인 지식 기업이다.

요즘은 무일푼이다가도 콘텐츠 하나로 인생이 역전된 사람을 쉽게 찾아볼 수 있다. 자신의 역량을 바탕으로 위기를 기회로 바꾸는 1인 지식 기업가가 되기에 지금이 가장 좋은 때다.

　　그러나 한 가지 일러두고 싶은 말이 있다. 이 책은 많은 직장인에게 원하지 않은 일을 한다는 이유로, 당장 사표를 내고 가슴 뛰는 일을 하라는 메시지를 담은 책이 아니다. 오히려 회사에 있을 때 자신이 지닌 경험과 지식을 바탕으로 1인 지식 기업을 준비하는 방법을 설명하는 것이다. 그런 1인 지식 기업가가 많이 배출되는 데 이 책이 자그마한 도움이 되길 바란다.

| 차례 |

프롤로그 1인 기업을 하기에 지금만큼 좋은 때는 없다   5

Chapter 1
맨땅에 헤딩하기 전에 알아야 할 것

'나' 브랜드로 단돈 1만 원이라도 벌 수 있을까?   23

거창하게 시작하면 안 되는 이유   29

나를 경영하는 것이 먼저다   36

1인 지식 창업의 기초 체력은 배움이다   43

양질의 네트워크 구축하기   50

독립을 하고 싶은 당신에게   56

── Chapter 2 ──
누구나 시작할 수 있는 1인 기업
이렇게 준비하라

5W1H, 육하원칙에 따라 생각해야 가이드라인이 잡힌다   69

전략 독서 & 몰입 독서로 인풋부터 먼저 하라   78

나에게 맞는 지식 기업 아이템 찾는 법   85

팔 만한 콘텐츠가 없다면 공부하라   90

기획자 마인드로 콘텐츠를 만드는 법   96

상품을 만들기 전에 잠재고객의 반응부터 살펴라   103

돈 없이 아이디어 실행하기   108

Chapter 3

경험과 지식을 자본으로 만드는 전략 6가지

영업사원처럼 일하는 블로그 활용법   121

0원으로 시작하는 인스타그램 브랜딩   126

온라인에서 손쉽게 회사 구축하기   135

한 권의 저서로 나만의 콘텐츠를 세상에 알리는 법   141

지식 기업가를 위한 전략적 책 쓰기 스킬   147

타고난 말주변 없이 강의력 키우는 법   152

Chapter 4

지금 바로 따라 할 수 있는
1인 기업 제대로 시작하는 법

타깃 고객을 분석하라   165

벤치마킹으로 나만의 차별성을 찾아라   171

나눔을 자본으로 바꾸는 기술   176

1인 지식 기업가가 알아야 할 수익 시스템   181

끌리는 상품 만들기 대작전   187

하나의 주력 상품에 집중하라   193

1인 기업으로 계속 성장할 시스템을 마련하라   199

백조처럼 우아하게 코칭하라   206

Chapter 5
성과로 이어지는
1인 기업 마인드셋

나만의 메시지가 1인 기업가의 소명이다   217

부지런한 새가 먼저 이룬다   223

단 한 명의 고객이라도 최선을 다하라   228

멘털 관리는 기본 중에 기본이다   234

부자 마인드를 가져야 지식이 자본이 된다   240

몸으로 깨우친 지식은 잊어버리지 않는다   247

에필로그 3년 후, 어떤 인생을 살고 싶은가?   255

Chapter 1

맨땅에 헤딩하기 전에
알아야 할 것

투자에서도 잃지 않고 버티는 사람이 결국 성공하듯이
1인 지식 기업도 또한 마찬가지다.
잃지 않고 누가 오래 버티느냐가 관건이다.

'나' 브랜드로
단돈 1만 원이라도 벌 수 있을까?

"자기 이름을 내걸고 단돈 1만 원이라도 벌 수 있겠어요?"라고
물으면 대개는 "10만 원도 아니고 1만 원인데 뭐 어렵겠어?"라고
생각할 사람이 많을 것이다.

그런데 여기서 자기 이름을 내건다는 것은 부업이나 아르바이
트 혹은 직장 생활로 남에게 자신의 노동력을 제공하고 그 대가로
돈을 번다는 의미가 아니다.

많은 사람들이 남에게 노동이나 시간을 제공하고 돈을 번다.
즉, 직장에서 일하고 시간과 노동을 제공한 대가로 월급을 받는
것이다.

필자 역시 10년 넘게 직장에 다녔다. 회사원일 때는 일주일에

5일 이상, 하루 9시간은 직장에 노동과 시간을 제공하고, 그렇게 시간과 노동력을 제공하여 하루 10만 원 정도의 대가를 받았다. 물론 시간이 흐를수록 액수가 올라가긴 했지만, 월급이나 연봉은 기하급수적으로 늘어나지는 않았다. 게다가 직장인이 받는 대가는 일하는 가치보다는 시간과 노동 강도에 따라 가격이 정해지고, 하루에 제공할 수 있는 시간과 노동 강도도 법으로 정해져 있기 때문에 더욱 그러했다.

반면 1인 지식 기업은 일하는 시간과 노동에 비례하여 가치가 정해지지 않는다. 그보다는 제공하는 상품이나 서비스의 질과 내용, 효과에 따라 가치가 매겨진다. 만약 1시간에 1만 원짜리 강의를 온라인으로 오픈해서 10명의 사람에게 제공하면 1시간에 10만 원을 벌 수 있다. 이는 일반 직장인의 하루 일당과 맞먹는다.

물론 그 1시간짜리 강의를 만들기 위해서는 각고의 노력을 기울여야 한다. 강의안을 짜고 콘텐츠를 만들려면 아이디어를 내서 그 내용을 고심하고 다듬어야 한다. 하지만 한번 만들어놓으면 몇 번이고 강의할 수 있다는 장점이 있다. 일종의 파이프라인인 셈이다.

《오늘부터 1인 기업》의 저자인 최서연은 1인 기업을 "자기 힘으로 사람들을 모아 단돈 1만 원이라도 벌 수 있는 사람"이라고 정의한다. 필자도 그 의견에 동의한다.

'나'라는 사람의 브랜드를 붙여 상품이나 서비스를 판매하는 것이 1인 지식 기업이다. 중요한 것은 무료로 서비스를 제공하는 것이 아니라, 서비스를 정당하게 제공하고 그 콘텐츠에 대해 돈을 받는다는 사실이다.

얼마가 됐든 자기 이름으로 돈을 번다는 사실에는 여러 가지 뜻이 숨어 있다. 우선 콘텐츠 제공자로서 상품을 제공할 만한 자격을 갖추었다는 뜻이다. 또한 콘텐츠를 구매해줄 고객이 한 명이라도 존재한다는 뜻이기도 하다. 이는 고객과 라포rapport가 형성되어야 가능하다. 이런 조건들을 갖춰야 '나'는 하나의 브랜드로서 자리매김할 수 있다.

1인 기업의 선구자인 변화경영연구소의 고 구본형 소장은 《구본형의 필살기》에서 "1인 기업가란 경영자가 되어 자신이 하는 일을 비즈니스로 생각하여, 차별화된 서비스를 제공하기 위해 자신의 강점을 활용하는 사람"이라고 말한다.

즉, 최종 소비자에게 상품이나 서비스를 제공하는 독립적 개체를 1인 기업가라고 할 수 있다. 그러므로 1인 지식 기업은 말 그대로 '지식을 기반으로 1인 사업을 하는 사람'이다.

한편 1인 지식 기업은 기업의 형태를 띠지만, 제공하는 상품이나 서비스의 질과 함께 그것을 제공하는 '사람'의 브랜드도 고려하지 않을 수 없다.

다시 말해 1인 지식 기업은 제공하는 상품이나 서비스보다 그것을 제공하는 '사람'을 우선 고려해야 한다. 그러려면 우선 '나' 브랜드로 사람들에게 신뢰를 주는 것이 우선이다.

노동이나 시간을 제공한 대가로 받는 월급은 내 이름으로 번 돈이라고 할 수 없다. 그 일은 내가 아니더라도 누구든 대신할 수 있다. 회사를 퇴직하면 금방 대체 인력이 고용되고, 내가 없어도 회사는 잘 굴러간다.

프리랜서라고 해도 직장 생활과 마찬가지로 단순히 노동과 시간을 제공하는 일을 하고 그 대가를 받는다면 회사를 다니지 않아도 직장인과 별반 다르지 않을 것이다.

그와 달리 1인 지식 기업은 한 조직의 직함과 명함을 버리고 내 이름을 걸고 독립한 것이다. 이는 프랜차이즈 사업주와도 다르다. 사업장의 명의가 자신의 것이라고 해도 프랜차이즈는 자신의 이름을 걸고 사업하는 것이 아니다. 사람들은 프랜차이즈 브랜드를 신뢰하기 때문에 그 이름으로 운영되는 가게를 이용한다. 그러니 프랜차이즈 사업주는 이미 구축된 브랜드의 영향력으로 돈을 버는 것이다.

그러나 프랜차이즈와 달리 1인 지식 기업은 개인이 브랜드가 되어 경영해야 하므로, 고객은 회사의 브랜드보다는 철저하게 '나'라는 사람을 믿고 '나' 브랜드를 신뢰하여 구매를 결정한다.

물론 외부의 초청을 받아 강의를 할 수도 있다. 강연자로 무대에 선다고 해도 시간과 노동력을 제공하여 돈을 버는 것이므로, 이때의 강의 수입은 수동적인 개념이다. 한편 외부 강의 의뢰는 지속되기 어렵고, 일회성으로 끝나는 경우도 많으며, 주최 측의 의지에 따라 내 가치가 결정되어 돈을 받는다.

반면 자체적으로 프로그램을 기획하고 사람을 모아 돈을 버는 것은 기획부터 제조, 테스트, 홍보 마케팅까지 자신의 책임하에 이루어지므로 스스로 혼자서 해내야 하는 적극적인 과정이다. 이 모든 과정을 혼자 해보면 자신의 이름을 걸고 1만 원이라도 벌기가 결코 쉽지 않다는 걸 깨닫게 된다.

게다가 사람들에게서 신뢰를 얻으려면 많은 시간을 투자해야 한다. 따라서 자신의 이름을 내걸고 신뢰를 얻어 '나' 브랜드를 만들기 위해서는 오랜 시간을 견뎌야 한다.

필자 역시 처음에는 '설마 1만 원을 못 벌겠어?'라고 생각했다. 그러나 1인 지식 기업을 시작해서 '나'라는 브랜드로 1만 원을 벌기 위해 콘텐츠를 만들고 많은 시간을 들여 노력하는 과정을 거치면서, 세상에 쉽게 얻을 수 있는 건 없으며 고객의 지갑을 열기가 매우 어렵다는 걸 절감했다.

그러니 처음부터 목표를 높게 잡으면 제풀에 지쳐 나가떨어지기 십상이다. 1인 지식 기업은 무에서 유를 창조하는 과정이라, 브랜드를 론칭하고 곧바로 월급 이상의 수입을 얻을 수 있다면 좋겠지만 대부분은 그렇지 못하다. 어느 정도 이상의 수입을 얻기까지 생각보다 긴 시간이 걸릴 수도 있다. 따라서 처음에는 자기 이름을 걸고 1만 원이라도 벌어보겠다고 생각하는 것이 현실적이다. 1만 원에서 시작해서 서서히 목표 금액을 늘려가다 보면 어느새 성장한 자신을 발견하게 될 것이다.

한번에 오를 수 있는 나무는 없지만 한 발씩 차근차근 올라가다 보면 어느새 나무 꼭대기에 도착할 것이다. 이렇게 생각하면 출발이 생각만큼 어렵지는 않다.

거창하게 시작하면
안 되는 이유

외식 사업가로 유명한 백종원은 외식 사업을 처음 시작하는 사람들에게 "작게 시작하라"고 조언한다. 처음에 테이블을 30개 놓을 규모의 업장을 생각했다면 그 70% 정도만 준비해서 시작하라고 말한다. 이후 사업 역량이 커지면 그때 규모를 늘려도 늦지 않는다는 게 그의 주장이다.

그의 조언은 비단 외식 사업에만 국한되지 않는다. 1인 지식 기업 역시 되도록이면 규모를 작게 잡고 시작하는 것이 철칙이다. 처음 사업을 준비하는 사람들은 누구나 번듯하게 사무실을 갖추고 집기도 마련하고 구색을 갖추려고 한다. 그러나 이렇게 겉모습에 치중하는 것은 시간과 에너지를 소모하는 셈이다.

물론 창업 자금이 충분해서 근사하고 번듯하게 사업을 시작한다면 기분 좋을 것이다. 하지만 어떤 사업이든 규모가 크면 그에 따른 고정비용이 커진다. 고정 지출은 많은데 매출이 받쳐주지 않는다면 적자가 날 수밖에 없다. 적자 상황이 오래되면 결국 위기를 맞이한다.

대부분 1인 지식 기업가들은 자금이 충분하지 않은 경우가 많다. 그렇기에 고정비용이 적게 드는 1인 기업을 시작하는 것이다. 자금의 여유가 있다고 해도 어쩌면 겪을지도 모를 위기를 생각해서 처음에는 작게 시작하는 것이 좋다.

투자의 대가 워런 버핏은 "잃지 않는 것이 제일 좋은 투자"라는 명언을 남겼다. 이는 투자뿐만 아니라 1인 지식 기업가도 새겨들어야 할 말이다. 잃지 않고 투자에 성공하려면 사업을 시작해 수익이 발생하기 전까지 최소한의 경비로 버텨야 한다. 무리하게 시작했다가 버티지 못하는 경우가 발생하지 않도록 '잃지 않는 창업'을 해야 한다는 말이다.

필자 역시 1인 지식 기업을 집에서 시작했다. 따로 사무실을 얻는 대신 서재와 식탁을 오가며 시스템을 구축하고, 교육 프로그램 콘텐츠를 기획했다. 번거롭긴 했지만, 고정비용이 없었으니 부담도 없었다. 그래서 지식 기업을 준비하는 동안 제대로 된 수입이 없어도 견딜 수 있었다.

만약 거창하게 사무실을 차리고 구색을 갖추느라 추가적으로 돈을 들였더라면 수익이 없는 기간을 버티기 어려웠을 것이다. 고정적으로 나가는 지출에 대한 부담감이 없으니 수입 없이 준비하면서도 여유를 잃지 않을 수 있었다.

무작정 1인 지식 기업을 시작하면 큰돈을 벌 수 있으리라는 환상을 가지는 사람도 있지만, 현실은 그렇지 못하다. 시행착오를 거쳐야 할 수도 있고, 기껏 노력해서 만든 상품이나 프로그램이 반응을 얻지 못할 수도 있다. 수입 없이 버텨야 하는 기간에 고정비용이 많다면 상품 개발에 투자할 여력이 없고, 투자하지 않으면 새로운 콘텐츠를 만들어낼 수 없다.

고정비용을 줄이는 것만으로도 위험 부담을 낮출 수 있고, 무엇보다 마음을 다잡는 데 도움이 된다. 1인 지식 기업은 일정한 수익을 얻기까지 시간이 많이 걸리기 때문이다. 자신의 아이디어가 아웃풋을 낳아 결과물을 거두려면 반드시 인풋 과정이 따라야 한다.

예를 들어 플랫폼을 정비하고, 콘텐츠를 쌓고, 모르는 분야는 배워야 한다. 처음에 시작할 때는 콘텐츠가 쌓이지 않아 제대로 된 아웃풋이 없기 때문에 수익을 얻기는 어렵다. 누구나 이 시기를 반드시 거쳐야 하므로, 이 기간을 잘 이겨내려면 고정비용을 줄이고 작게 시작해야 한다.

<2021년 1인 창조기업 실태 조사>에 따르면, 2019년에 1인 창조기업 수는 총 458,322개로 2018년에 비해 30,955개[7.2%] 증가했다. 그만큼 사람들의 관심도 늘었고, 실제로 자신만의 전문성과 창의성을 갖추고 1인 기업에 도전하는 사람도 많아졌다.

모집단 기준	2017년	2018년	2019년	'18년 대비 '19년 증감
기업통계등록부 SBR	402,612개	427,367개	458,322개	30,955개 증가 7.2%

출처: 중소벤처기업부

이렇게 날이 갈수록 1인 지식 기업에 대해 사람들의 관심이 늘어나면서, 필자에게도 1인 지식 창업 관련하여 컨설팅을 요청하는 사람들이 점점 많아지고 있다. 그래서 상담을 진행하면 "시작만 하면 바로 돈이 나오는 오프라인 창업보다 더 힘든 거 아닌가요?"라고 묻는 경우가 많다.

그러나 오프라인 프랜차이즈 창업에 비해 리스크가 적다. 또한 시스템을 만들기까지는 시간이 걸리지만 실패하더라도 피해가 최소화된다. 그러므로 1인 지식 기업은 초보 창업가가 시작하기에 가장 적합한 창업 형태라고 생각한다.

처음 창업하는 사람이 오프라인에서 창업했을 때 5년 이내에 폐업할 확률이 80%가 넘는다고 한다. 게다가 가게를 오픈하려면 적어도 수천만 원 이상 드는 투자 자금도 부담스럽다. 여유가 있어서 창업하는 데 필요한 자금을 투자하고 수입을 얻어도, 임대료와 직원 월급을 주고 나면 정작 남는 돈이 없을 수도 있다. 그뿐 아니라 기본적인 집기는 감가상각이 발생하므로 시간이 지나면 버리거나 교체해야 할 수도 있다.

필자는 20대에 작은 옷가게를 열었다. 아무 경험 없이 안이하게 생각하고 덜컥 사업을 시작했으니 성공할 리가 없었다. 오픈하고 1년 정도는 수입이 괜찮았지만 3년을 버티기가 어려웠다. 매달 나가는 임대료와 사입금 등과 같은 고정 지출 때문에 수입이 적은 날에는 직장인 하루 일당조차 벌지 못하는 날도 있었다. 그때 매출을 늘리는 것도 중요하지만 고정비용을 최소화하는 것이 더욱 중요하다는 사실을 깨달았다. 어쩌면 고정비용이 적게 나갔더라면 몇 년은 더 버틸 수 있었는지도 모른다.

1인 지식 기업은 자본을 거의 들이지 않거나 최소 투자 자금으로 창업이 가능한 분야다. 또한 혼자서 작은 규모로 시작하더라도 노력과 시간을 투자하면 큰 리스크 없이 현실적으로 수입을 올릴 수 있다. 그렇기에 사업이 본 궤도로 진입하고 매출이 상승하

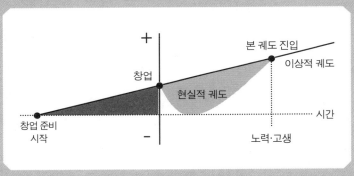

출처: 개발마케팅연구소

면 사업 규모를 확장하기에 적합한 구조다.

결국 창업은 '잃지 않는 것'이 먼저다. 투자에서도 잃지 않고 버티는 사람이 성공하듯이, 창업 또한 마찬가지다. 잃지 않고 누가 오래 버티느냐가 관건인 셈이다.

인스타그램 공구로도 억대 연봉을 버는 시대가 되었다. 그러니 가정주부, 취업 준비생, 퇴직한 아저씨 등 누구든 마음만 먹으면 자신의 지식과 경험을 활용하여 돈을 벌 수 있다. 사무실이나 직원도 필요 없다. 게다가 지식과 경험만 있으면 창업할 수 있고 창업 자금도 적으니 실패로 인한 리스크를 최소화할 수 있다.

물론 대표님 소리를 들어가며 거창하게 시작하고 싶은 마음이 들 것이다. 그러나 남에게 보이는 모습보다는 실속이 중요하다. 집에서, 창고에서, 때론 커피숍에서, 직원 없이 작게 시작해서 크게 키워보자. "시작은 미미하나 그 끝은 창대하리라"는 성경 구절처럼 말이다. 용두사미처럼 거창하게 시작해서 허망하게 끝나지 않으려면 1인 지식 기업은 훌륭한 대안이 될 것이다.

나를 경영하는
것이 먼저다

대기업에서 일했던 K는 올해 초에 잘 다니던 회사를 그만두고 창업을 준비하고 있다. 몇 달이 지난 지금까지 자신이 잘할 수 있는 일이 무엇인지, 돈을 많이 벌 수 있는 사업이 무엇인지 알아보는 중이라고 했다.

이렇듯 퇴사하기 전부터가 아니라 퇴사하고 난 후에야 창업을 준비하기 시작하면, 시작해서 자리를 잡기까지 시간이 많이 걸린다. 회사를 다니면서 창업 아이템을 미리 선택해 준비를 병행했다면 좋았을 텐데, 하는 아쉬움이 들었다.

그러므로 직장인이 1인 기업을 하고 싶다면 퇴사하기 전에 무엇을 원하는지 확실히 정해 미리 준비할 필요가 있다. 그리고 퇴사하고 나면 미리 구축해놓은 파이프라인을 확장하는 방식이 좋다고 생각한다. 그래야 준비 기간을 줄일 수 있고, '나'라는 브랜드를 구축하는 데 실패할 확률을 줄일 수 있다.

다시 말해, '자기 경영'을 미리 준비해야 한다. 자기 경영이란 자신에 대해 더 잘 알고, 1인 기업을 설립한 후에도 '나'를 더 효과적으로 경영할 수 있게 하는 과정이다.

요즘 1인 기업을 창업하는 회사원이 늘고 있다. A도 회사에 다니면서 주말에는 평소 관심이 많던 화장품과 메이크업에 대해 공부했다. 이렇게 인풋을 쌓은 후에 A는 메이크업을 쉽게 하는 법에 대해 유튜브에 동영상을 올리고 블로그를 시작했다. 처음에는 내용이 풍부하지 못했지만, 꾸준히 하다 보니 1년 남짓 지나자 제2의 직업이라고 해도 될 만큼 발전했다.

회사를 다니면서 취미를 발견하고 소질을 갈고닦은 A는 앞으로 3개월 뒤에 퇴사해서 본격적으로 더 많은 콘텐츠를 만들고 1인 기업을 창업하겠다는 계획을 세우고 있다.

이렇듯, 나를 경영하기 위해서는 나에 대해 잘 아는 것이 우선이다. 자신에 대해 잘 알아야 자신의 강점을 반영한 좋은 콘텐츠를 만들 수 있기 때문이다.

강점을 살리기 위해서는 회사에서 했던 업무 또는 취미와 관련하여 지식 창업을 하는 것이 좋다. 그러면 '나'라는 브랜드를 구축하기가 훨씬 수월하며, 준비 시간을 줄여 빨리 창업할 수 있다.

이때 스케줄 관리와 업무일지를 작성하는 것도 도움이 된다. 필자는 원래 회사를 다니다가 1인 기업가가 되었고, 어느 정도 자리를 잡은 후 팀원이 있는 회사로 확장했다. 이렇게 하는 데 스케줄 관리와 업무일지 작성이 큰 힘이 되었다. 엄격하게 시간표를 지켜 움직이고, 우선순위를 정해서 일을 끝내는 것이 결과물을 만들어내는 데 도움이 되었다.

주변을 둘러보면 스케줄 관리를 하지 못하는 1인 기업가가 생각보다 많다. C는 결혼 전에 퇴사하고 1인 기업을 창업하겠다고 선언했다. 퇴사하고 처음에는 회사 생활을 하면서는 느껴보지 못했던 자유를 느끼며 하고 싶은 일을 잘 준비하는 것처럼 보였다.

그러나 본격적으로 결혼을 준비하게 되자 결혼 준비로 바빠서 시간이 없다거나, 신혼집도 꾸며야 하고 할 일이 많아 정신없이 움직여야 해서 피곤하다고 말했다. 그렇게 창업 준비는 후순위로 밀렸고, 1인 기업가로서 성공하겠다는 꿈은 흐지부지되고 말았다.

물론 주위의 환경에 잘 대처하면서 혼자 일하는 것은 쉽지 않은 일이다. 그러나 행동은 안 하면서 말로만 준비하겠다고 해서 일이 되는 건 아니다.

그러므로 스케줄 관리를 하지 못하면 제대로 창업할 수 없다. 스케줄과 업무를 정리하는 습관을 들이면 창업 준비에도 가속도가 붙고, 일이 지연되지 않을 것이다. 다음에 스케줄을 관리하는 방법을 소개한다.

구글 캘린더로 스케줄 관리하기

사사키 가오리의 《억대 연봉자에게 지갑은 없어도 스케줄 수첩은 있다》에서는 다음과 같은 구절이 나온다.

"스케줄 수첩은 '나'의 행동 계획표이자 행동 기록이며 어떤 의미에서는 소중한 일기가 되기 때문이다. 많은 사람이 머릿속으로 이것도 하고 싶고 저것도 하고 싶다는 생각을 하면서 좀처럼 실행에 옮기지 못한다. 그런데 실행할 수 없는 이유를 곰곰이 따져보면 애초에 행동 계획에 들어 있지 않은 경우가 대부분이다. 실천에 옮기기 위해선 머릿속에 생각하고 있는 것을 일정에 넣은 후, 스케줄 수첩에 적어둔다. 이렇게 하면 자신과의 약속을 실현할 가능성이 훨씬 커진다."

억대 연봉자뿐 아니라 1인 기업가는 누구를 어디에서 만나는 지, 언제, 누구와 어떤 내용에 대해 회의를 했는지, 언제, 어디에 서, 무엇에 대해 강연을 하는지 등을 꼭 메모하는 습관을 들여야 한다.

회사에서는 수동적으로 일하기 때문에 스케줄이나 업무가 주 어지고, 기한이 정해진다. 그러나 1인 기업을 시작하면 모든 스케 줄을 스스로 세우고 관리하고 진행해야 하므로 꼼꼼히 기록해두 어야 놓치거나 빠뜨리지 않는다. 해야 할 일을 정해진 시간에 실 행하려면 구체적으로 스케줄을 작성하여 관리해야 한다.

업무일지 작성하기

매일의 업무와 주 단위의 업무, 월 단위의 업무로 나눠서 해야 할 일의 목록을 작성하고, 완료한 업무는 표시해두면 일의 진행 상황을 쉽게 알아볼 수 있다. 업무일지는 행동 기록이며 계획표이 기도 하다. 그리고 일 단위 업무, 주 단위 업무, 월 단위 업무를 작성하고 옆에 진행 상황을 표시해두면 목표에 도달할 가능성이 높아진다.

프리랜서와 1인 기업가가 크게 다르지 않다고 생각할 수도 있지만, 1인 기업가는 프리랜서처럼 업무를 밤에만 한다거나 한번에 하나씩 업무를 처리하면 직장인보다도 소득이 낮아질 수 있다.

1인 기업가는 프리랜서처럼 주어진 업무를 하는 게 아니라 능동적으로 스케줄을 관리해서 콘텐츠를 주도적으로 생산하고, 홍보하며, 영업까지 해야 한다. 이 모든 업무를 동시에 하려면 스케줄은 반드시 관리할 필요가 있다.

◇ ◇ ◆ ◇ ◇

자신을 경영하는 데는 건강관리도 포함된다. 시스템이 아무리 잘 구축되어 있다고 해도 대표인 1인 기업가가 활동하지 않으면 일이 순조롭게 돌아가지 않는다. 직장인은 휴가를 낸다고 해서 회사가 멈추지는 않지만, 1인 기업가는 멈추면 회사가 멈춘다.

금전이나 다양한 인적 네트워크로 인한 스트레스도 크고, 혼자서 모든 일을 해결해야 하는 외로움과 책임감도 있다. 따라서 스트레스를 해소하고 에너지를 충전하는 자신만의 방법을 터득할 필요가 있다. 이 문제를 해결하지 않으면 쉽게 번아웃을 느끼고 지쳐서 나가떨어질 수 있기 때문이다.

필자도 창업 초창기에 대외적으로 다양한 사람들을 만나면서 스트레스를 많이 받았다. 내적으로는 세무, 문서 작업, 글쓰기 등 모든 일을 혼자 감당해야 한다는 데 대한 스트레스도 있었다. 이렇게 스트레스가 많이 쌓일 때는 운동을 하고, 한 달에 한 번은 가까운 야외로 나가서 자연을 느꼈다.

몸의 피곤도 풀어야 하지만 정신적으로 지치지 않고 계속 나아가기 위해서는 기분 전환법을 찾아서 스트레스 관리를 할 필요가 있다. 일주일에 하루는 꼭 쉬면서 하고 싶은 것을 하거나 힐링하는 것도 좋다.

스케줄 관리뿐 아니라 건강관리, 정신적인 재충전까지 잘 해낼 수 있다면 성공적으로 창업한 것이 아닐까.

1인 지식 창업의
기초 체력은 배움이다

"이미 배운 것을 실행하는 시대가 아니라, 필요하면 모르는 것도 실시간으로 배워가며 실행해야 하는 시대가 되었다. 이게 바로 프로페셔널 스튜던트의 핵심이다."

《프로페셔널 스튜던트》에서 저자는 배움의 중요성을 이렇게 주장했다.

빠르게 변화하는 시대에 1인 지식 기업의 기초 체력은 바로 배움에서 비롯된다. 1인 지식 기업가는 시스템을 구축하기까지 모든 업무를 혼자서 아우르는 멀티태스커가 되어야 한다. 그 과정에서 모르는 정보나 지식이 필요하거나, 정신적으로 힘들 수도 있다.

이런 과정을 견뎌내려면 정신적인 체력을 키워야 한다. 그 기초 체력은 배움을 통해서 얻을 수 있다. 단순히 강의를 듣거나 책을 읽는 것만이 아니라, 롤 모델에게서 동기를 부여받아 배움을 터득할 수도 있고 멘토의 조언에서 깨달음을 얻을 수도 있다.

그러나 자신의 롤 모델이 누군지 묻는다면 곧바로 대답할 수 있는 사람은 많지 않을 것이다. 롤 모델은 굳이 현실에서 만나는 사람일 필요는 없다. 롤 모델의 동영상, 강의, 책 등을 통해 지혜를 얻을 수 있고 동기도 부여받을 수 있다. 롤모델이 굳이 필요할까 싶지만, 1인 기업가는 혼자서 모든 시스템을 구축하고 결정을 내려야 한다. 그럴 때 앞서 성공한 롤 모델의 강의나 말을 듣고 깨달음을 얻을 수 있다.

필자는 2017년에 처음 책을 쓰면서 롤 모델이 누구인지 질문을 받은 적이 있다. 당시에는 롤 모델의 필요성을 몰랐고, 딱히 롤 모델이라고 할 만한 사람이 없었다. 그러나 옳은 판단을 내리고, 시스템을 구축하고, 수익을 창출하는 모든 과정에서 롤 모델은 좋은 지표이자 동기 부여가 된다. 그가 힘든 시간을 어떻게 견뎠는지 살펴보고, 창업의 올바른 방향은 무엇인지 등을 다시금 생각할 수 있다.

현재 필자의 롤 모델인 팀 페리스는 《타이탄의 도구들》, 《나는

4시간만 일한다》, 《지금 하지 않으면 언제 하겠는가》 등 베스트셀러의 저자이기도 하다. 그의 책은 힘겨울 때마다 마음을 가다듬고 기업을 운영하는 데 많은 도움을 주었다.

그러므로 롤모델을 세우는 것은 도움이 된다. 그렇다고 해서 롤 모델이 꼭 같은 분야에 속할 필요는 없다. 동기를 부여해주고 일을 해나갈 원동력을 준다면 충분하다.

한편 멘토와의 상담도 도움이 된다. 상담을 통해 나보다 앞서간 선배들에게서 필요한 통찰력과 정보를 얻는 것은 큰 깨달음을 주기도 한다.

필자는 중소벤처기업부 창업진흥원에서 모집하는 '예비 창업자를 위한 예비 창업 패키지'에 지원해서 창업 지원금과 멘토링을 지원받았다. 창업진흥원에서는 서류와 발표 심사를 거쳐 예비 창업가들에게 창업 자금을 지원하고 멘토를 배정해주는데, 필자는 이 과정에 통과하여 지원받았다. 그 덕분에 같은 분야에서 창업한 멘토로부터 많은 조언을 듣고, 창업 과정 중에 필요한 정보도 얻었다.

1인 기업가의 길은 혼자서 모든 일을 해내야 하므로 고독하고 외롭다. 그러나 인간은 혼자서 모든 일을 다 해내려면 벅차다. 혼자서 시스템을 구축하다 보면 누군가의 조언이 필요하다. 이럴 때

멘토와 이야기를 나누다 보면 답답하고 해결하기 힘든 문제가 있어도 의외로 쉽게 답을 찾게 된다.

어차피 대부분의 과정은 혼자서 해내야 한다. 그러니 무작정 혼자서 고민하고 머리 싸매고 고생할 것이 아니라, 멘토에게서 팁을 얻어 문제를 해결하고 현명하게 대처하는 것도 좋을 것이다.

사람들에게 조언을 구하는 방법 외에도 책을 통해 정보를 얻고 가르침을 마음속에 새기는 것도 큰 도움이 된다. 필자는 컨설팅할 때 책을 얼마나 많이 읽는지 묻는다. 독서는 1인 지식 창업가에게 길잡이와 같은 역할을 해주기 때문이다.

1인 기업가뿐 아니라 성공한 사람들은 모두 독서의 중요성을 강조한다. 해마다 한라인재개발원에서 교육을 받는데, 모 그룹의 CEO는 젊은 리더들에게 책을 통해 배워야 한다고 강조하며 늘 책을 선물로 건넨다.

그러면 독서를 통해 무엇을 배울 수 있고, 어떻게 하면 자신에게 맞는 책을 고를 수 있을까?

스티브 잡스는 "책과 혼자만의 시간을 가지고 새로운 일을 도모하라"고 말할 정도였다. 책을 읽으며 온전히 혼자서 생각할 시간을 가져야 한다는 말이다.

게다가 책을 통해 위로받고 조언도 얻으면서 꿈을 더 구체화

1인 기업가에게 독서란?

1. 꿈을 심어준다.

2. 동기를 부여해준다.

3. 생각할 시간을 준다.

4. 필요한 정보를 준다.

5. 아이디어를 준다.

할 수 있다. 꾸준히 책을 읽으면 지식, 정보, 경험이 쌓여 아이디어를 콘텐츠로 만드는 힘이 기를 수 있으며, 새로운 콘텐츠를 계속 창조해낼 수 있는 생각 근육이 생긴다. 1인 기업가는 새로운 콘텐츠를 계속 만들어내야 시스템을 구축하고 유지할 수 있다. 따라서 독서를 통한 배움은 콘텐츠를 지속적으로 업데이트하는 수단이기도 하다.

책을 선택할 때의 팁

1. 필요한 분야 또는 관심 분야를 정한다.

2. 전체적인 차례를 훑어보고 선택한다.

3. 제일 알고 싶은 차례를 선택해서 그 부분을 읽어본다.

4. 서론과 결론을 읽는다.

책 한 권을 처음부터 끝까지 다 읽으려 들면 작심삼일이 되기 쉽다. 그러므로 효율적인 독서가 필요하다. 우선 자신에게 필요한 책을 선택한다. 그리고 책의 차례부터 살펴본다. 저자가 전달하려는 내용의 핵심이 담겨 있기 때문이다. 그중에서도 제일 눈에 꽂히는 부분을 선택해서 읽는다. 그다음 서론과 결론을 훑어본다.

책을 선택할 때도 베스트셀러라거나 남이 읽는다는 이유로 무작정 선택하기보다는, 자신이 만드는 콘텐츠와 연관되거나 관련 분야의 책을 고른다면 더 수월하고도 지속적으로 독서를 할 수 있다.

1인 기업가에게 배움은 평생 함께하는 친구나 마찬가지다. 김용섭은 "프로페셔널 스튜던트는 더 이상 대학에만 머물며 사회생활과 성인의 삶을 회피하는 온실 속 화초의 모습이 아니라, 치열하게 사회생활하면서 변화에도 신속히 대응하려고 상시로 공부하는, 계속 성장하고 진화하는 모습이다. 자신의 콘텐츠를 가진 이들은 나이와 무관하게 직업적 가치를 만들어낸다"고 주장한다.

1인 기업가는 끊임없이 배우고 생각하고 성장해야 하므로, 그런 의미에서 1인 기업가는 프로페셔널 스튜던트다. 배움을 통해 성장하고 콘텐츠를 만들어서 그 분야에서 자신만의 가치를 창조하는 것이 1인 기업가이기 때문이다.

양질의 네트워크
구축하기

　사업가라면 네트워크를 쌓는 것이 중요하다고 말한다. 그러나 어떤 네트워크가 필요한지 정확하게 집어내기는 쉽지 않다.

　자신만의 세계를 구축하기 위해 어떻게 네트워크를 쌓을 수 있을까? 우선 자신의 아이템이나 브랜딩에 관련된 모임을 직접 만들거나 기존의 모임에 참석하는 방법이 있다.

　K는 쇼핑몰을 오픈하고 블로그, 카페 등을 통해서도 아이템을 판매한다. 그는 아이템을 판매하면서 익힌 영업 노하우나 스킬을 온라인 쇼핑몰을 시작하려는 사람들에게 알려주거나 컨설팅 및 코칭도 해준다.

　그는 쇼핑몰을 하면서 영업과 마케팅 관련 모임을 오프라인과 온라인에서 찾아 참여하기 시작했다. 자신의 일을 더 확장하고 더 많은 네트워크를 구축해서 같은 분야 사람들과 공유하고 싶은 열정이 있었기 때문이다. 모임을 통해 마음 맞는 사람들을 만났고 K는 그 사람들과 함께 마케팅 관련 프로그램을 만들어서 제공하면서 수익을 거두었다. 만약 K가 동종 업계 사람들을 경쟁자라고만 생각했다면 사람들과 함께 마케팅 프로그램을 만들어서 수익을 창출하지 못했을 것이다.

인터넷과 4차 산업혁명으로 인해 사람들이 정보의 홍수 속에서 살아가는 이런 세상에서는 자신만의 이익만 생각하면 살아남기 힘들다. 소비자에게도 정보는 차고 넘치게 쏟아지므로 유일무이한 상품이 아니라면 비슷한 상품은 얼마든지 찾아낼 수 있다.

같은 분야에서 비슷한 상품을 가진 업체는 너무도 많기 때문에 이들을 경쟁자로만 보고 모두 적으로 돌리는 것은 어리석은 짓이다. 오히려 협업해서 상생하는 수익 구조를 만든다면 시스템을 구축하는 데 도움이 된다. 협업할 때는 상대방과 충분한 대화를 통해 의견을 공유하고, 제대로 계약서를 쓴 후 작업을 시작하는 게 좋다.

몇 년 전 친한 강사에게 초대되어 대규모 강사 모임에 참석한 적이 있다. 그곳에서 유명 강사의 유익한 강연을 듣고, 각 분야의 전문가들을 만나 명함을 주고받았다. 그러면서 다양한 분야의 사람들과 미래의 협업 가능성을 두고 자연스레 이야기를 나누었다. 각 분야의 강사들과 함께 한 모임은 네트워크 구축에 큰 도움이 되었고, 실제로 협업이 이루어지기도 했다.

한편 중소기업벤처부 창업진흥원에서 정부 지원 사업으로 예비 창업 패키지를 진행했을 때도 1인 기업을 창업하는 다른 대표와 협업을 진행하기도 했다.

네크워크를 구축하는 데는 독서 모임도 좋은 방법이다. 독서모임에서 여러 분야의 사람들과 만나 책에 대해 이야기를 나누다 보면 아이디어가 저절로 솟아나기도 한다. 독서 모임에 나오는 사람들은 대부분 지적 욕구가 강하고 열정적이라 동기 부여에도 도움이 된다.

필자는 여러 해 전부터 작가들과 소규모로 독서 모임을 하고있다. 책을 내고 글을 쓰는 사람들과 같이 책을 읽고 깊은 대화를 나눴다. 그리고 이번 책에 대한 아이디어도 그 독서 모임을 통해 얻었다.

독서 모임에서 함께 읽을 도서를 선정하면서 큰 동기를 부여받았다. 사람들과 책에 관해 토론하면서 공유한 경험이 나의 내면을 강하게 만드는 비타민 같았다. 게다가 독서를 통해 사람들과 대화하면서 다른 사람과 소통하는 능력도 한 단계 업그레이드되었다. 자신의 생각을 당당하고 자유롭게 이야기할 수 있게 되었을 뿐더러, 다른 사람의 다양한 의견을 경청하는 태도를 기를 수 있었다.

큰 기업을 이끌거나 이미 큰 성공을 거둔 비즈니스맨인 선배 리더들과의 모임에 참석하는 것도 네트워크를 구축하기에 좋다. 처음 창업했을 때 이미 20년 전에 기업을 시작한 P대표에게 조언을 받았다. 현재 P대표는 매출 200억 원을 올리는 회사를 경영하고 있었다. 그는 경영하면서 겪은 경험을 이야기해주었다. 직접 많은 것을 겪어낸 P대표의 이야기가 크게 와 닿았고, 그의 경험을 참고로 해서 앞으로 기업을 어떻게 꾸려나갈지 계획을 세울 수 있었다.

모임이라고 해서 거창하게 진행되는 행사를 뜻하는 것은 아니다. 지인들과 소규모로 시작하여 차츰 규모를 키울 수도 있고, 전혀 모르는 사람들과 온라인을 통해 만날 수도 있다. 어쨌든 사람들을 알아가고 소통하는 나름의 방법을 찾으면 된다.

그런데 주의할 점이 하나 있다. 아무리 인적 네트워크가 중요하다고 해도 우선 일에 집중해야 한다는 점이다. 사업을 한다는 명목으로 일보다는 생산적이지 않은 사람들과의 만남에만 치중하는 사업가들도 있기 때문이다.

그러려면 자신이 왜 창업을 했는지 잊지 않아야 하고, 추구하려는 인적 네트워크가 긍정적이고 생산적인지 판별하는 능력도 중요하다. 무엇보다 시간은 한정되어 있으므로 일에 우선순위를 매겨두고 움직여야 한다.

L대표는 유난히 술자리를 통한 네트워크를 강조하며 사람들과 만나서 술 마시는 데 시간을 많이 허비했다. L대표는 이렇게 말했다.

"사업은 원래 일을 크게, 많이 벌일수록 돈을 더 벌 수 있어요. 그러려면 술 접대가 제일 중요하죠. 저도 술 마시는 게 싫은데 접대하려면 어쩔 수 없어요. 실무는 직원들이 하는 거고, 대표가 할 일은 워크숍을 다니거나 모임에 참가하는 거 아니겠어요?"

그는 술 접대야말로 사업에서 가장 중요한 요소라고 생각하는 것 같았다. 그러다 보니 대표인데도 아이템 및 브랜딩에 관련된 업무를 하는 시간이 상대적으로 적었다.

사람들을 만나느라 얼마나 돌아다니는지, 직원들도 회사 대표를 만나기가 힘들 정도였다. 각종 모임과 술자리에만 치중하다 보니 회사에 출근하지 않는 날도 많아서, 직원들은 일할 맛이 나지 않았다. 게다가 기존의 고객을 제대로 관리하기보다는 새로운 고객 유치에만 집중해서 내실이 다져지지 않았다. 그가 그렇게 중요하게 여기는 모임들은 실속 없이 겉만 번지르르해서 정작 사업에는 도움이 되지 않았다.

매출로 자생할 수 없는 창업가는 아무리 술 접대를 열심히 하고 많은 모임에 참석한다고 해도 결코 성장할 수 없다는 사실을 잊어서는 안 된다. 다시 말해, 모임은 부가적으로 힘을 더해줄 뿐이라는 말이다.

양보다는 질 좋은 네트워크를 구축해야 한다. 그리고 좋은 네트워크를 구축하려면 내가 먼저 실력과 경쟁력을 갖추어야 한다. 그렇지 않으면 협업하거나 배울 만한 점을 지닌 사람들과 모임을 만들 수 없고, 다른 사람들과 네트워크를 구축해도 오래갈 수 없다.

바쁜 시간을 쪼개서 나간 모임이 도움이 되었는지, 모임에서 만난 사람에게서 피해를 입지는 않았는지, 사람들과 협업하는 게 효과가 있는지 한번 스스로 답해보자.

독립을 하고 싶은
당신에게

　　1인 기업가의 가장 큰 장점은 다른 사람의 통제나 간섭 없이 시간을 자유롭게 사용할 수 있다는 것이다. 일정한 시간에 출퇴근 하지 않아도 되고 자유롭게 일할 수 있다.

　　그러나 상사의 지시를 받거나 팀으로 일할 때보다 더 많은 노력을 기울여야 한다. 모든 수익 창출의 기반을 스스로 마련해야 하기 때문이다.

　　당신은 1인 기업에 대해 잘못된 환상을 갖고 있지는 않은가?

프리랜서와 1인 기업가는 다르다

1인 기업을 하면 '대표'로 불린다. 회사 다닐 때와 달리 대표라는 소리를 들으면 괜히 낯간지러울 수도 있다. 1인 기업가들을 보면 육아와 집안일을 하던 전업주부도, 어린 학생도 있어서, 누구나 대표가 될 수 있다.

어쩌면 처음으로 대표라는 호칭을 들으면 괜히 우쭐해질 수도 있다. 혹은 대표니까 힘든 일은 사람을 채용해서 시키거나 외주를 주고, 자신은 이미지 메이킹이나 네트워크에만 신경 쓰면 된다고 생각하는 사람도 있다.

대표가 된 창업가는 프리랜서와 어떻게 다를까? 우선 프리랜서와 1인 기업가는 정해진 시간에 회사로 출근하지 않고, 시간을 자유롭게 사용하며 일할 수 있다는 공통점이 있다. 다시 말하면 일하는 만큼 돈을 번다.

그러나 프리랜서는 외주로 의뢰받은 일을 수동적으로 하며, 시간이 있을 때만 일을 하는 경우가 많다. 프리랜서는 대개 다른 사람이나 회사에서 일을 의뢰받아 완수하면 된다. 시간당으로 혹은 프로젝트별로 일을 의뢰받아서 하는데, 자신이 잘하는 일을 전문적으로 해내는 것이 프리랜서다.

1인 기업가는 프리랜서와 달리 다른 업체의 외주를 받거나 수동적으로 일하지 않는다. 능동적으로 자신만의 시스템을 구축해서 마케팅을 하고 수익을 창출해야 한다. 그러므로 다른 개인이나 회사에서 지시나 의뢰를 받으려고 다니던 회사를 그만둔 것이 아니라는 점을 잊지 말아야 한다.

1인 기업가라면 자신만의 콘텐츠를 개발하고, 다양한 미디어 채널을 통해 새로운 일을 찾아서 사업을 확장한다. 1인 기업가는 수동적으로 일하는 프리랜서가 아니므로, 능동적으로 자신만의 콘텐츠를 만들어서 승부수를 던져야 한다.

자신이 세운 회사인 만큼 시키는 일을 해내는 게 아니라 자신이나 자신이 개발한 아이템이 주인공이 되어야 한다는 사실을 잊어서는 안 된다.

1인 기업가는 많은 문제를 해결해야 한다

순조롭게 일이 진행되면 좋겠지만, 문제가 생기는 것은 당연하다. 전혀 예상치 못한 일이 일어나서 힘들어지기도 할 것이다.

이때 쉽게 포기하지 말고 극복하려는 자세가 필요하다. 처음 1인 기업을 시작할 때는 생각지도 않은 순간에 예상도 못 한 일이 일어나서 좌절하는 경우가 있기 때문이다.

고객이 약속을 어기고 예약을 취소해버려서 갑자기 수입이 줄어들거나 사라져서 힘들어질 수도 있고, 강연비가 기대했던 것보다 적을 수도 있다. SNS 홍보를 하다가 실수를 저질러서 이미지가 나빠지는 경우도 있고, 마케팅이 예상했던 것과 다른 방향으로 전개되어 어려움을 겪을 수도 있다.

'남들은 창업하면 회사가 별 탈 없이 잘만 돌아가는데 나는 왜 이렇게 힘들지? 남들은 돈만 잘 버는데 나는 왜 이렇지?' 하는 생각이 들 수도 있다. 그러나 무슨 일이든 준비 기간은 필요하다. 그러므로 창업하고 난 후 처음에 마음처럼 잘 돌아가지 않는 기간은 준비 과정으로 받아들이면 도움이 될 것이다. 이때 예기치 못한 일이 일어나더라도 쉽게 포기하지 않는 그릿Grit 정신을 가져야 한다.

게다가 1인 기업가가 되었다고 하루아침에 많은 돈을 벌 것이라는 생각은 착각이다. 일본 첨단 전자부품 제조업체 교세라의 창업자인 이나모리 가즈오는 이렇게 말한다.

"새로운 목표를 달성하려면 그에 상응하는 희생이 필요합니다. 어떤 고난 앞에서도 절대로 꺾이지 않겠다는 마음가짐 말입니다. 앞으로 딱 1년간 여러분의 가슴속에 일편단심이라는 네 글자를 새긴 채 오로지 일에 전념해주십시오. 고결하게, 강인하게, 그리고 한결같이!"

최신 트렌드, 세금, 온라인 마케팅 등 다양한 분야의 공부를 계속해야 한다

1인 기업가는 세세하게 모든 분야를 다 잘 알아야 할 필요는 없지만, 업무와 관련된 모든 분야에 대해 기본적인 지식은 있어야 한다. 그래야 '나' 브랜드나 자신이나 아이템 개발을 효과적으로 할 수 있다.

예를 들어 실제 세무 업무는 세무사에게 맡기는 게 효율적이다. 그렇지만 기본적인 절세 방법 등을 알고 있으면 여러 면에서 유리할 것이다. 아는 만큼 보이고, 아는 만큼 유리해지는 것은 진리다.

필자가 처음 창업했을 때는 세무적인 지식이 전무했다. 그래서 매월 수수료를 주고 세무사에게 세무 업무를 맡겼고, 어떻게 돌아가는지 전혀 신경 쓰지 않는다. 그러나 세무사는 기본적인 업무는 처리해주더라도 세세한 부분까지 알아서 살펴주지는 않는다는 걸 몰랐다.

세무사가 하는 일은 그저 분기별, 반기별로 몰아서 필요한 점을 질문하고 세금을 신고해주는 것이 전부였다. 그래서 "대표님, 부가세 마감일이 이번 주니 자료 주세요. 자료에 하나씩 세부 사항 적어주시고요. 세금 계산서도 분리해주세요"라며 갑작스레 불쑥 연락하는 일이 잦았다.

필자가 당황해서 매월 자료를 달라고 하지, 갑자기 한꺼번에 달라고 하면 어떻게 하냐고 물었더니, "세무사무소는 다 그렇게 해요. 여러 회사 일을 하다 보니 매월 기장하지 않고 한꺼번에 몰아서 일합니다"라고 답했다.

그러다 보면 실수가 생길 수도 있었다. 게다가 필자가 직접 하기 힘들어서 세무사에게 맡긴 건데 갑자기 마감일이라고 불쑥 자료를 달라고 하니 황당했다. 달마다 기장료를 내는데도 장부 정리를 몰아서 한다는 것도 이해가 가지 않았다.

만약 필자가 매달 세무 신고 마감일을 미리 알고 있었더라면 자료를 알아서 준비했을 것이고, 달마다 세무사에게 장부 정리 상황을 확인했을 것이다. 이러다가 큰일 나겠다 싶어서 기초적인 세무 지식을 공부하고, 세무 관련 마감일도 미리 체크해두었다. 특히 세금과 관련해서는 '알아서 해주겠지' 하며 맡기기보다는 대표가 꼼꼼하게 확인해야 한다.

Chapter 2

누구나 시작할 수 있는 1인 기업
이렇게 준비하라

돈이 없어도 사업할 수 있는 방법은 찾아보면 얼마든지 있다.
그러니 무작정 자포자기하면 안 된다.
손품과 발품을 열심히 팔면 아이디어를 실행에 옮길 확률은
그만큼 높아진다.

5W1H, 육하원칙에 따라 생각해야 가이드라인이 잡힌다

'남들은 별거 아닌 내용으로도 콘텐츠로 척척 만들고 돈도 쉽게 버는데, 나는 왜 이렇게 머릿속이 복잡하지?'

처음 시작할 때는 이런 생각이 들기도 할 것이다. 남들은 쉽게 일하는 것 같은데, 막상 자신은 일하려고 하면 머릿속이 하얘진다. 어떤 콘텐츠를 올려야 할지, 그것을 어떻게 비즈니스화할지도 막막하다.

그러므로 1인 기업을 염두에 두고 있다면 자신이 무엇을 하고 싶은지 가이드라인부터 명확하게 잡고 시작해야 한다.

기자들은 5W1H의 육하원칙에 따라 글을 쓴다. 신문기사가 명확하고 쉽게 읽히는 것은 '누가, 무엇을, 왜, 어떻게, 언제, 어디

- 무엇을(WHAT)

  나는 무엇을 하고 싶은가?(하고 싶은 창업 아이템)

- 누가(WHO)

  누구를 위한 상품을 만들고 싶은가?(예상 고객층)

- 언제(WHEN)

  론칭 시기를 언제로 정할 것인가?(예상 론칭 시기)

- 어디서(WHERE)

  어디에서 시작할 것인가?(오프라인인가, 온라인인가?)

- 왜(WHY)

  왜 이 아이템으로 1인 기업을 창업하고 싶은가?
  (1인 기업을 하려는 이유)

- 어떻게(HOW)

  어떻게 준비할 것인가?(준비 기간에 할 일)

서'라는 원칙에 따라 글을 쓰기 때문이다. 1인 기업을 시작하고 싶은데 무엇을 어떻게 해야 할지 막막하다면, 기자들의 글쓰기 노하우를 따라서 생각을 정리해보는 것이 도움이 될 것이다.

이처럼 육하원칙에 맞춰 하나씩 정리하다 보면 1인 기업을 시작할 때 해야 할 일의 방향이 잡힌다.

가이드라인을 먼저 생각하고 세워두는 데는 중요한 이유가 있다. 1인 기업을 할 때는 충분한 준비 기간이 필요하다. 이 기간에 명확한 가이드라인이 없다면 무엇부터 해야 할지 몰라서 우왕좌왕 헤매다가 하는 일도 없이 시간만 낭비한다.

필자도 시행착오를 거치면서 창업 준비를 시작할 때부터 명확한 가이드라인을 마련하는 게 중요하다는 사실을 깨달았다.

1인 기업 준비 기간은 대개 1년 전후로 잡는다. 이 기간에 1인 기업으로서 일을 어떻게 해나가야 할지 순서를 파악하고, 1인 기업가가 갖추어야 할 역량을 파악하여 부족한 부분은 배우면서 익혀나가야 한다.

그런데 이 기간에 명확한 가이드라인이 없다면 무엇을 배워야 할지 몰라 이런저런 강좌만 무분별하게 듣느라 돈만 날리는 경우가 많다. 무엇부터 해야 할지 몰라서 우왕좌왕 헤매다가는 성과 없이 시간만 낭비하는 셈이다.

그러므로 준비하는 1년간 1인 기업에 필요한 지식은 반드시 습득하고, 충분한 시간을 정하되 인풋 시간을 최대한 잘 활용해야 한다.

1인 기업의 성장 단계

- 1인 기업 콘셉트 설정하기(WHAT? HOW?)
- 퍼스널 브랜드 구축하기(블로그나 인스타그램 업로드, 유튜브 콘텐츠 만들기, 책 출간 등)
- 상품, 서비스 개발 및 출시 준비
- 홍보 활동을 통한 잠재고객 모으기
- 판매

가장 기본 단계는 1인 기업 콘셉트를 설정하는 것으로, 이 단계에서 5W1H 원칙을 활용하면 쉽게 접근할 수 있다.

1인 지식 기업을 준비하며 알게 된 T는 자신의 회사 경력을 활용해 1인 지식 창업에 성공했다. T는 똑 부러지게 육하원칙에 맞

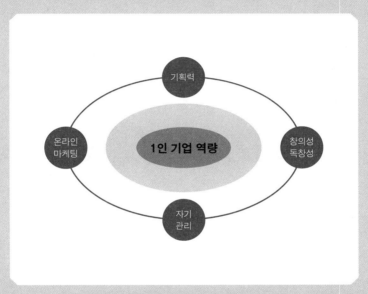

1인 기업가가 갖추어야 할 역량

취 가이드라인을 세우고 창업했던 것이다.

T는 창업하기 전에 티 블렌딩^{tea blending} 회사에서 일했기에 허브티를 블렌딩하는 법이나 유통망에 정통했다. 고정비용을 줄이기 위해 우선은 소규모로 집에서 창업했고, 블로그를 통해 차에 관한 정보를 콘텐츠로 만들어서 올렸다. 동시에 차 판매를 위해 개인 브랜드를 만들었다.

이렇게 1년간 꾸준하게 창업 준비를 한 끝에 차 브랜드를 론칭하고 블로그와 스마트스토어를 통해 판매를 시작했다. 그뿐만 아니라 공방을 만들어 소규모 티 클래스를 론칭해 블렌딩 차를 직접 만들고 싶어 하는 사람들을 교육하면서 1인 지식 기업으로 확장했다.

T는 거기에서 머물지 않고 자신의 창업 과정을 블로그에 올리면서 사업의 영역을 넓혔다. 기업에서 주관하는 행사에 음료 담당 디렉터로 초청받기도 했다. 지금은 티 판매, 소규모 티 클래스 운영, 티 블렌딩 전문가 과정, 창직 과정 등 다양한 교육 콘텐츠를 개발해서 수익 구조를 늘리고 있다.

T가 1인 기업을 준비한 과정을 육하원칙에 대입하면 75쪽과 같다.

필자는 시행착오를 거치면서 이 과정을 간과했다는 사실을 깨

- 무엇을(WHAT): 무엇을 하고 싶은가?(하려는 창업 아이템)

  답: 티 블렌딩 상품 판매와 교육 사업

- 누가(WHO):누구를 위한 상품을 만들고 싶은가?(예상 고객)

  답: 티를 좋아하는 사람들, 티 블렌딩을 배우고 싶은 사람들

- 언제(WHEN): 론칭 시기를 언제로 할 것인가?(예상 시기)

  답: 준비 시작 후 1년

- 어디서(WHERE): 어디에서 할 것인가?(오프라인, 온라인?)

  답: 판매는 블로그와 스마트스토어, 교육은 공방1인 오피스 활용

- 왜(WHY): 왜 이 아이템으로 1인 기업을 하려는가?(1인 기업을
  원하는 이유)

  답: 차를 좋아한다. 티 관련 일을 통해 배운 지식과 유통망 활용

- 어떻게(HOW): 어떻게 준비할 것인가?(준비 기간에 할 일)

  답: 블로그를 통한 브랜딩 작업, 스마트스토어 구축, 공방 알아보
  기

달았다. 물론 기본적인 그림은 머릿속에 있었지만 세부적으로는 구체화하지 않았던 것이다.

이렇듯 5W1H가 중요한 이유는 이를 토대로 준비 계획을 세울 수 있고, 마케팅에도 큰 영향을 미치기 때문이다. 마케팅의 대략적인 골격은 이 과정을 거치며 정해지기도 한다. 이런 단순해 보이는 일 하나로 결과는 하늘과 땅 차이가 날 수 있다.

이렇게 가이드라인을 세우고 나면 흔들리지 않고 자신이 하고 싶은 일을 추진할 수 있다. 막연하기만 하던 1인 지식 기업의 윤곽이 잡히기 때문이다.

처음 지식 기업을 준비하는 사람들에게서 이런저런 고충을 듣는데, "어디서부터 시작해야 할지 모르겠다"와 "무엇부터 배워야 할지 모르겠다"라는 말을 가장 많이 듣는다. 이는 어떻게 할지, 무엇을 할지 하는 창업 가이드라인이 잡히지 않았기 때문이다.

막막하게만 느껴진다면, 이런 경우에는 차분하게 앉아 생각해보고 글로 써서 하나씩 정리해본다. 그렇게 하면 가고자 하는 방향이 확고해질 것이다. 이런 기초 작업이 탄탄할수록 문제가 생겨도 해결해나갈 수 있다.

뿌리가 튼튼한 나무는 웬만한 강풍에도 뿌리가 쉽게 뽑히지 않는다. 뿌리를 잘 다져서 준비를 잘한 창업자만이 목표까지 흔들리지 않고 갈 수 있다. 잘 짜인 가인드라인은 장거리 경주의 첫발임을 잊지 말고, 제대로 내디뎌야 한다.

전략 독서 & 몰입 독서로
인풋부터 먼저 하라

"독서는 다만 지식의 재료를 줄 뿐이다. 그것을 자신의 것으로 만드는 것은 사색의 힘이다."

영국의 철학자 존 로크는 생각하는 힘에 대해 이렇게 말했다. 독서는 단순히 글을 읽는 것이 아니라, 책에 쓰인 글귀를 이해하고 생각하여 그 의미를 자신의 것으로 만드는 과정이 필요하다는 뜻이다.

전략 독서는 1인 기업가에게 매우 중요한 독서법이다. 필자는 아무리 바빠도 항상 독서를 게을리하지 않는다. 특히 전략 독서는 새로운 콘텐츠를 만들어내는 팁이 된다.

2017년에 《한 권으로 끝내는 취업 특강》을 출간한 후로 필자는 강연, 취업박람회를 다니며 컨설팅을 하고 있었다. 당시 1인 기업가가 되어 처음으로 시스템을 구축하던 때였기 때문에 마케팅이나 홍보에 대해서 잘 알지 못했고, SNS도 제대로 활용하지 못하고 있었다. 고민을 거듭한 끝에 전략 독서를 통해 이 분야를 배우기로 마음먹었다.

필자의 전략 독서 방법

- 서점 검색대에서 'SNS', '콘텐츠'로 도서를 검색한다.
- 관련 검색어로 10권 정도를 고른다.
- 책의 차례를 훑어본다.
- 그중에서 마음에 드는 5권을 구매한다.(인터넷 서점에서 구매할 수도 있다.)
- 책 5권의 차례를 잘 살펴보고, 눈에 띄는 내용부터 읽는다.
- 나머지 부분은 하루에 페이지를 정해놓고 읽는다.

이것은 필자가 직접 활용하는 전략 독서법으로, 책을 여러 권 섭렵하기에 좋았다. 1인 기업가라면 이렇게 필요한 책을 골라서 읽는 전략 독서법을 추천한다. 전략 독서를 통해 부족했던 정보나 지식을 습득하고, 새로 얻은 지식을 활용할 수 있기 때문이다.

필자의 경우에는 전략 독서를 통해 SNS 활용법을 배웠다. 독서를 통해 배운 것을 활용하여 마케팅과 홍보 시스템을 구축하고 수익을 낼 수 있었다. SNS를 활용하면서 더 많은 사람들과 소통함으로써 1인 창업가로 일할 기회를 얻고, 정보를 효과적으로 활용하는 능력도 길렀다.

전략 독서의 중요성

- 1인 기업가의 시스템 구축에 필요한 전문 지식을 얻는다.
- 차례를 보고 자신에게 필요한 책을 고르는 습관을 기른다.
- 1인 기업가의 콘텐츠 개발 아이디어를 얻는다.

전략적으로 필요한 책을 골라 읽을 필요도 있지만, 분야와는 상관 없이 좋은 책을 꾸준히 읽을 필요도 있다.

필자는 하루에 독서 시간을 정해놓고 반드시 책을 읽는다. 아침 일찍 일어나서 인터넷 뉴스를 보고 그날의 중요한 이슈들을 체크하는 습관이 있는데, 그와 더불어 매일 아침 20분씩 책을 읽는 것으로 하루를 시작한다. 아침에 하는 독서는 마음을 차분하게 만들고 긍정적인 생각을 심어준다.

아침마다 조용히 몰입하기 어렵다면 출퇴근 시간을 활용해 짧게라도 몰입 독서를 하는 것을 추천한다. 지하철이나 버스에서 몇 줄이라도 책을 읽는 버릇을 들이는 것이다. 이렇게 일정한 시간을 정해놓고 매일 몰입 독서를 하면 삶을 성공적으로 이끌 수 있다.

그래서 《미라클모닝》의 할 엘로드Hal Elrod는 "성공의 정도가 자기계발의 정도를 넘어서는 경우는 극히 드물다. 왜냐하면 성공이란 당신이 어떤 사람이 되었느냐에 따라 따라오는 것이기 때문이다"라고 말했다. 독서를 통해 지식을 얻고 자기계발을 하는 것은 성공으로 가는 지름길이 된다.

몰입 독서 방법

- 책을 탑처럼 책상에 쌓아놓는다.
- 매일 아침 정해진 시간에 20분씩 독서를 한다.
- 아침에 독서를 못 하면 출퇴근길에 책을 읽는다.

몰입 독서를 할 때는 책을 탑처럼 쌓아놓고 집중해서 책을 읽는 게 효과적이다. 읽으려고 하는 책을 탑처럼 높이 차곡차곡 쌓아놓으면 책 읽는 환경을 조성해주고, 읽을 때 집중이 더 잘된다.

몰입 독서의 중요성

- 몰입 독서는 하루의 시작에 긍정적인 영향을 끼친다.
- 아침에 정신을 맑게 해주고, 하루의 계획을 차분하게 세울 수 있도록 해준다.
- 몰입 독서가 쌓이면 생각의 근육이 늘어난다.

이렇게 1인 기업가는 전략 독서와 몰입 독서로 자신만의 인풋을 얻을 수 있다. "아는 만큼 보인다"는 말처럼 독서를 통해 생각이 쌓일수록 비전과 목표를 향해 성공의 길로 나아갈 수 있다.

필자에게 독서는 1인 기업가에서 팀 창업으로 확장하며 교육 플랫폼을 개발하는 원동력이 되었다. 책을 읽으며 생각이 확장되었고, 더 큰 그림을 그리며 사업을 확장하는 계기를 만들어주었던 것이다.

1인 기업가가 읽으면 좋은 책

- 《넥스트 소사이어티》, 피터 드러커

  기업가들에게는 교과서와 같은 책으로, 피터 드러커의 통찰이 고스란히 드러난다.

- 《나는 글로벌 1인 기업가로 500억을 벌었다》, 로니 박

  1인 기업가로서 도전하는 방법, 성공하는 방법을 읽으면서 시스템을 확장하는 아이디어를 얻었다.

- 《코로나19 이후 미래 시나리오》, 최윤식

  창업가로서 어떻게 비즈니스를 구현해야 하는지 팁을 얻었다.

- 《프로페셔널 스튜던트》, 김용섭

  위기를 기회로 만드는 사람들의 코드를 깨달았다. 사람은 계속 성장하고 배워야 하는 존재이며, 콘텐츠를 통해 새로운 직업의 가치를 만들어내야 한다는 것에 공감하며 자신감을 얻었다.

83쪽에서 소개한 책들은 1인 기업가에게 동기를 부여해줄 뿐 아니라 큰 그림을 그리게 해주어 앞으로 나아갈 방향을 제시하는 데 도움을 줄 것이다.

독서는 해결해야 하는 문제에 해답을 제공해주고 방향을 제시해준다. 독서 습관이 들지 않은 사람들은 생각의 근육을 키우기 위해서라도 조금씩 책 읽는 습관을 기르기를 권한다.

나에게 맞는 지식 기업
아이템 찾는 법

　오래전, 필자에게서 취업 컨설팅 상담을 받았던 학생 A가 연락을 했다. A는 취직해서 회사에 잘 다니고 있었는데, 취직한 지 3년이 지나면서 퇴직한 후 창업을 할까 고민 중이었다. 이유를 물었더니 회사에서 인간관계 때문에 스트레스를 너무 많이 받았고, 회사를 그만두고 싶다고 했다. 그래서 어떤 분야에서 창업을 해야 할지 필자에게 조언을 구했다.

　필자는 우선은 단순히 회사에서 받는 스트레스 때문에 퇴사하고 싶은지, 아니면 정말 하고 싶은 일이 있어서 그만두겠다는 것인지 곰곰이 생각해보는 것이 좋겠다고 조언했다. 회사를 그만두고 창업을 하더라도 당장 퇴사하는 대신 회사를 다니면서 준비하다가, 회사에서 받는 급여의 절반 정도라도 수익이 창출되거든 퇴사해도 늦지 않다고 타일렀다.

A는 그동안 보험 설계 일을 했지만, 제일 관심을 가진 것은 메이크업과 헤어 분야라고 했다. 그래서 무엇을 해야 할지 정확히 판단이 서지 않는다고 했다. 자신에게 맞는 아이템을 어떻게 찾을 수 있을지 고민하고 있었다.

A는 보험 설계라는 일의 특성상 사람을 많이 만나야 해서 평소 메이크업, 헤어, 복장에 신경을 많이 썼다. 또한 시간이 날 때마다 메이크업이나 헤어 관련 블로그를 보거나 메이크업 도구를 모아 다양하게 시도해보기도 했다.

필자는 지식 창업을 할 때 자신이 오래 몸담았거나 잘할 수 있는 분야에서 아이템을 찾아 브랜딩하라고 조언한다. 그래서 A에게 회사를 계속 다니되, 우선은 부수입을 창출하는 방법을 생각해보라고 했다. 블로그, 유튜브를 시작해서 차근차근 시스템을 구축하는 것이 좋겠다고 조언했다.

A는 커리어우먼을 꿈꾸는 대학생의 이미지 메이킹, 오피스 룩, 따라 하기 쉬운 직장인 메이크업 등 다양한 콘텐츠를 만들고 싶다고 했다. 그래서 필자는 A에게 이런 콘텐츠를 발판으로 책, 강의, SNS 등을 통해 소비자들에게 다가가며 수익을 거두는 시스템을

만들어보라고 했다.

물론 A는 세일즈 분야에서 아이템을 선정할 수도 있었지만, 필자는 그 분야를 추천하지 않았다. 그 일이 적성에 맞지 않는다고 여겼기 때문이다.

자신에게 맞는 창업 아이템을 찾는 방법은 다양하다. 톨스토이는 "우리는 익숙해진 생활에서 쫓겨나면 절망하지만, 실제는 거기서 새롭고 좋은 일이 시작되는 것이다. 생명이 있는 동안은 행복이 있다"라고 했다.

대개는 퇴직하면 앞으로 무슨 일을 해야 할지 막막하게 느낀다. 짧게는 몇 년, 길게는 수십 년을 다닌 회사에서 늘 하던 업무에 익숙해져 있는데 갑자기 해고당하거나 퇴직하면 사람들은 당황해하고 절망감을 느낀다.

하지만 퇴직은 또 다른 시작이다. 익숙해진 생활에서는 벗어나지만 자신이 정말로 좋아하는 일을 시작할 수 있는 것이다. 그러므로 자신에게 맞는 아이템을 찾는 것은 또 다른 행복이 시작되는 셈이다.

필자는 몇 년 전 저서를 출간하며 같은 출판사에서 저서를 출간 준비 중인 D대표를 알게 되었다. 그는 컨설팅 회사에 다녔는데, 직장을 다니면서도 퇴직한 이후의 삶을 고민했다고 한다. 그러다가 자격증이라도 따놓자는 심정으로 퇴근 후 매일 공인중개사를 공부했고 자격증을 취득했다. 회사에서 부동산 관련 업무를 많이 했는데, 자격증까지 따놓으면 일에도 도움이 되지 않을까 생각한 것이다.

그런데 그는 이 과정에서 자신이 좋아하는 일을 찾았다. 이후 그는 창업으로까지 자신의 영역을 확장시켰다. 자신에게 맞는 창업 아이템을 찾은 것이다.

그는 부동산 중개소를 시작하는 대신 부동산 강연 및 강의, 블로그, 홈페이지, 카페, 저서 등 여러 채널을 통해 자신을 알리기 시작했다.

또한 매일 자신이 관리하는 블로그와 카페에 부동산 관련 이슈와 최근 소식에 대해 글을 썼다. 또한 홈페이지를 통해 자신을 홍보했다. 그러자 부동산 강연을 해달라는 의뢰가 들어왔다. 저서를 출간하고 난 후로는 많은 사람들이 부동산 상담을 요청했다. 이렇게 다양한 채널을 통해 자신을 홍보하며 점차 수익을 만들기 시작했다.

그래서 퇴직 후에도 지루해하거나 우울감에 빠질 겨를도 없이 하루하루 바쁘게 살아가고 있었다. 그는 퇴직 전보다 더 바쁘고 월수입도 훨씬 더 많아졌다고 말했다. 자신이 잘하는 일을 1인 기업 아이템으로 연결하여 성공한 것이다.

원래 하던 일에서 아이템을 찾아 준비하면 전문 지식을 습득하는 시간을 줄일 수 있다. 게다가 준비한 아이템을 가지고 퇴직과 동시에 수익화하기에 좋다.

한편 직장 생활의 경험은 조직을 이끌고 사람들과 커뮤니케이션을 하는 데 도움이 된다. 어떤 사람들은 회사 생활이 창업에 전혀 도움이 되지 않고, 직장에 다니는 건 허송세월이라며 비판한다. 그러나 지식 창업으로 성공한 사람들 중에서는 직장 생활을 해본 사람들의 성공 사례가 훨씬 더 많다. 회사에서 규칙적으로 일한 습관이 몸에 배어서 자기 경영을 더 철저히 하기 때문이다.

알리바바의 대표 마윈은 "무엇이든 자신만의 꿈을 가지고 덤비세요. 실패할 수도 있으나 삶의 큰 자산이 될 겁니다"라고 말했다. 지식 창업의 아이템을 고를 때 실패할 수도 있고, 성공할 수도 있다. 그러나 자신에게 맞는 콘텐츠를 잘 선택하여 영역을 확장하면 꿈을 향해 도전할 기회가 될 수도 있다.

오랫동안 해왔던 일, 잘하는 일, 하고 싶은 일 등을 잘 살펴보면 자신에게 딱 맞는 아이템을 찾을 수 있을 것이다.

팔 만한 콘텐츠가 없다면
공부하라

필지가 1인 기업가로 일하는 모습을 보고 부러워하는 사람들이 있다. 그들에게 "부러워하지만 말고 한번 도전해보세요"라고 하면 "팔 만한 콘텐츠가 없다"고 말한다. 지식 창업은 유형화된 물건을 판매하는 것이 아니다. 말 그대로 자신이 가진 지식과 경험을 상품화해야 한다. 따라서 팔 만한 지식이나 경험이 없다면 상품화할 만한 것을 배워서 만들면 된다.

대학교수도 학부생과 대학원생 시절을 거쳐야 한다. 세계적으로 유명한 영화감독 역시 스태프부터 차근차근 실력을 쌓아야 하고, 사람들의 가슴을 울리는 베스트셀러 작가도 무명 시절을 거친다. 누구나 배움의 시절과 실력을 갈고닦으며 내공을 쌓는 시간이 있고,

그 시간을 거쳐야 아웃풋을 낼 수 있는 시기를 맞이할 수 있다.

그러므로 본인이 가진 지식이나 경험이 부족해 상품화하기 어렵다면 일단 배워야 한다. 창업하길 원하는 분야의 지식이 얕다면 강의를 듣고 깊이 있는 독서를 통해 배우면서 습득과 숙성의 시기를 거쳐야 한다.

필자는 글쓰기 프로그램과 책 쓰기 프로젝트로 지식 창업을 했다. 그런데 처음부터 이것을 상품화할 생각은 아니었다. 10년 넘게 항공사에서 일한 경력이 있었기에 처음에는 여행 프로그램 기획자가 되려고 했다. 풍부한 여행 경험과 항공사 업무 경력을 활용하면 상품화하여 수익을 내기가 유리할 것이라고 생각했던 것이다.

그러나 여행 상품을 만드는 데는 호텔, 렌터카 등 여러 분야와의 협업이 진행되어야 하는데, 그것이 쉽지 않았다. 또한 마케팅 능력이 부족해서 결국에는 실패했다.

이렇게 시행착오를 거치며 마지막으로 시도한 것이 바로 글쓰기와 책 쓰기 프로그램이었다. 필자는 시중에 나와 있는 글쓰기와 책 쓰기 관련한 강의를 대부분 섭렵한 데다가 직접 출간한 책이 있었기에 그런 아이디어를 낸 것이다.

그러나 글쓰기와 책 쓰기는 전문성이 필요한 분야다. 주변에 있는 동료 작가들도 섣불리 덤볐다가 낭패를 보는 경우가 많았다. 철저한 준비와 검증이 필요했다.

더 많은 내용을 습득하기 위해 관련 도서를 수십 권 읽고 익힌 내용을 디테일하게 체계화했다. 한편으로는 강의와 책을 통해 배우고 익힌 내용만 가지고는 나만의 차별화된 강의 프로그램을 만들 수 없었다.

더 많은 지식을 습득하기 위해 책 쓰기와 글쓰기 관련 책을 닥치는 대로 독파하고, 강의를 듣고 몸으로 체득하며 책을 계속 출간했다. 관련 분야 책을 거듭 읽었더니 어떻게 해야 할지 점차 계획이 잡히기 시작했다. 그때부터 배우고 익힌 내용을 콘텐츠로 만들어 블로그를 통해 무료로 공유했다. 자신이 알고 있는 내용을 글과 말로 표현할 때 그 지식을 온전히 자기 것으로 흡수할 수 있기 때문이다.

한편 8개월 동안 시아버지가 에세이를 출간할 수 있도록 도왔던 경험에서도 많은 것을 배울 수 있었다. 다양한 사람들의 콘텐츠를 파악하기 위해 수년간 1,000권 넘게 책을 읽은 것도 출판 기획 일을 하는 데 도움이 됐다.

이렇게 새로운 내용을 익히고 실력을 쌓아 아웃풋하기까지 꼬박 3년이 넘는 시간이 걸렸다. 그동안 시간과 자금, 노력을 아낌없이 투자했다.

원래 가지고 있던 장점이었던 아이디어를 내고 기획을 잘하는 특성이 합해지자, 남이 가지고 있는 콘텐츠가 눈에 들어오기 시작했다. 새롭게 만나는 사람들의 이야기를 들으면서 자연스럽게 책 출판에 관한 아이디어가 떠올랐고, 지인들에게 어떤 책을 내면 좋겠다며 권하게 되었다.

이렇게 스스로에 대한 철저한 검증을 거치고 난 후에야, 유료 프로그램인 글쓰기 프로그램과 책 쓰기 프로젝트를 하나씩 론칭하며 1인 기업을 시작했다.

무엇을 아는 것과 아는 것을 다른 사람에게 가르치는 것은 다른 영역이다. 더구나 아는 것을 활용해 다른 사람의 성장을 돕고 업무 성과로 이어지게 하는 것은 또 다른 일이다. 그래서 실력을 키우고 검증하는 과정이 필요했다.

배움을 배움으로만 끝내면 평생 학생의 위치에서 벗어날 수 없다. 계속 배움을 소비하는 소비자로 머무는 셈이다. 배우는 것만으로 만족한다면 모를까, 이를 통해 수익을 얻고 싶다면 콘텐츠를 생산해야 한다.

강의 콘텐츠를 생산하는 지식 생산자가 되기 위해서는 배움을 내 것으로 만드는 과정을 거쳐야 한다. 강의를 듣고 책을 읽는 데 그치지 않고 혼자서 익힌 내용을 자신만의 어휘로 정리해 콘텐츠로 만드는 작업을 해야 한다.

만약 참고 자료 없이 자신의 어휘로 알고 있는 내용을 콘텐츠 텍스트, 영상, 음성 등로 표현할 수 있다면 배운 지식은 자본이 되어 돌아온다.

배운 지식을 콘텐츠로 만들었다면, 그다음으로는 테스트 혹은 시뮬레이션을 해야 한다. 스스로 강의를 기획하여 강의 프로그램 가이드라인을 잡아보고, 세부화 작업을 통해 강의안을 만들어본다. 이 과정에서 무엇이 부족하고 더 습득이 필요한지 알 수 있다. 부족한 부분은 참고 문헌이나 자료 수집을 통해 보완한다.

배운 지식을 자기화하여 아웃풋하는 과정은 시간과 노력이 많이 들고, 새로운 지식을 몸과 머리로 습득하는 과정은 힘이 든다. 그러나 이 시기를 잘 견뎌내야만 배움이 진정한 내 것이 된다.

배우고 익힌 것을 아웃풋하는 방법으로는 온라인 콘텐츠 만들기, 강의안 짜기, 책 쓰기 등이 있다.

경험이 풍부해서 말은 잘하는데, 그것을 온라인 콘텐츠로 만들거나 책으로 풀어 쓰라고 하면 자신이 없다고 하는 경우가 있다. 알고 있는 지식은 많은데, 그것을 아웃풋하는 훈련이 안 된 경우다.

배움을 자기 것으로 소화하기 위해서는 살면서 배우고 익힌 경험을 총동원해 새로 익힌 지식과 경험을 연결해야 한다. 어떤 지식을 새로 배웠다고 해서 그것이 바로 내 것이 되지는 않기 때문이다. 애플의 창시자인 스티브 잡스가 자신의 창의성은 "연결을 잘하는 것"이라고 말했을 정도로 지식과 지식을 연결하는 능력은 중요하다.

이때 배움을 현실에 적용해서 결과물을 얻는 경험을 해야 한다. 배운 지식을 현실에 적용해 시행착오를 겪으면서 노하우를 축적하는 과정이 필요하다는 말이다. 그래야 배운 내용을 새로운 지식으로 재생산할 수 있다. 배움을 통해 얻은 지식이 고유한 색깔이 가미된 '고유 콘텐츠'로 재탄생되는 것이다.

남이 하는 것을 보면 쉬워 보인다. 유튜브 콘텐츠도 쉽게 잘 만드는 것 같고, 남이 쓴 책을 보면 '이 정도는 나도 쓸 수 있겠는데'라는 생각이 들 때도 있다. 그러나 직접 영상을 만들고 책을 써보면 결코 쉬운 일이 아니라는 것을 깨닫는다.

한편 배운 것을 자신의 것으로 만드는 과정도 결코 쉬운 일이 아니다.

비가 오지 않으면 무지개도 볼 수 없다. 봄에 씨앗을 뿌리지 않고 가을에 열매를 수확할 수 없다는 것을 반드시 기억하고, 배움을 자신의 것으로 만드는 노력을 기울이자.

기획자 마인드로
콘텐츠 만드는 법

　1인 지식 기업가가 갖추어야 할 중요한 역량이 있다면 바로 기획력이다. 말 그대로 기업이 하는 일을 혼자 해내야 하는 1인 기업가에게 기획력은 콘텐츠를 만들어내고 상품을 기획하는 데 필수적인 자산이다.

　1인 지식 기업은 콘텐츠로 창업하는 것이므로, 그중에서도 콘텐츠 기획은 성패를 좌우하는 핵심적인 요소다. 그러므로 1인 지식 기업가는 기획자이자 콘텐츠 크리에이터가 되어야 한다.

　그렇다고 해서 미리 겁먹을 필요는 없다. 누구에게나 자신만의 고유한 스토리가 있는 법이고, 그 스토리를 잘 활용하면 자신만의 콘텐츠를 만들 수 있기 때문이다.

자신이 깨달은 삶의 지혜를 콘텐츠로 만들어 유튜브에서 구독자를 100만 명까지 모은 사람이 있다. 나이가 들어 경험이 풍부한 사람이라면 자연스럽게 깨달을 수 있는 내용이었다. "참 별걸 다 콘텐츠로 만들더라고요." 한 지인이 그 유튜버를 보고 이런 말을 했다.

그러나 누구나 알 만한 내용이라도 잘 정리해서 자신만의 색깔과 의견만 더하면 좋은 콘텐츠가 될 수 있다. 콘텐츠를 만드는 것을 너무 부담스럽게만 여길 필요가 없다는 말이다. 새로운 내용이 아니더라도 어떤 내용이든 쉽게, 잘 표현하는 것이 중요하다.

why = 목적

what = 최선의 상태와 현실의 간극 파악. 나의 목표와 콘셉트화

how = 실행 방안

if = 실행 후 기대 효과

기획자 마인드로 콘텐츠를 기획하기 위해서는 기획자가 세상에 없던 것을 새롭게 만들어낼 때 어떻게 하는지 생각해볼 필요가

있다.

《기획의 정석》에서는 목적, 문제, 원인, 목표, 콘셉트를 쪼개어 생각하고 도식화하다 보면 기획의 골격이 나온다고 한다.

이런 기획 방법을 빌려 초보 세일즈맨을 위한 세일즈 정보 콘텐츠를 기획해보자.

- 목적: 세일즈 업종에 입문한 초보 영업인들을 위해 기본적인 정보를 제공한다.
- 최선의 상태: 최고는 아니더라도 중간 정도의 세일즈 성과를 내면 좋겠다.
- 현실: 세일즈를 해본 적이 없다.
- 원인: 세일즈 교육을 체계적으로 받지 않아서 주먹구구식으로 세일즈를 한다.
- 목표: 초보 세일즈맨들도 성과가 나오도록 한다.
- 콘셉트: 세일즈를 처음 하는 사람들을 위한 '왕초보 세일즈 비법'으로 이름 붙인다.

이처럼 기획자가 되어 메시지를 전달하기 위해 목적부터 콘셉트까지 정하면, 콘텐츠 기획은 어느 정도 윤곽이 잡힌다. 그다음 타깃과 구체적인 제공 방법 등을 정한다.

- 누가(who) 내 콘텐츠를 소비할 것인가?:
  세일즈 초보자

- 나는 그들에게 무엇을(what)을 제공할 것인가?:
  세일즈 정보

- 어떻게(how) 제공할 것인가?:
  블로그 콘텐츠

자신이 제공할 정보가 '세일즈를 잘하는 법'이고, 콘텐츠 소비자가 '처음 영업을 시작하는 2030세대'라고 정한다면, 콘텐츠의 수준은 세일즈를 시작할 때 알아야 할 기본적인 매너, 전화하는 방법, 화술법 등으로 정리된다.

그렇다면 그동안 세일즈를 하면서 깨달은 내용을 하나씩 정리해서 세부적으로 필요한 정보를 수집한다. 그렇게 수집한 정보를 나의 경험과 합쳐 고유한 콘텐츠로 만드는 것이다.

콘텐츠를 제공할 수 있는 방법은 다양하지만, 그중에서 자신에게 맞는 플랫폼을 선정한다. 예를 들어 먼저 블로그에 공개하고 나중에 인스타그램에 업로드하거나, 인스타그램을 먼저 하고 유튜브 동영상을 나중에 만드는 식이다. 중요한 것은 양질의 콘텐츠를 꾸준하게 발행하면서 그 분야에 관심을 가진 사람들을 모으는 것이다.

타깃 독자층이 좋아하는 콘텐츠를 기획하는 것이 어렵다면 '나'를 돌아보는 과정에서부터 시작할 수 있다. 《기획자의 생각법》의 김희영 저자는 기획이 어렵다면 자신이 대표하는 고객 집단의 취향과 필요, 욕망에서 아이디어를 찾아내라고 조언한다.

자신의 결핍은 타인의 결핍과도 연결되어 있다. 다시 말해, 자신이 신입 세일즈맨으로 일하던 시절에 어렵고 힘들었던 점이 무엇이었는지 떠올려본다면, 그런 결핍에서 아이디어를 도출해 콘텐츠를 기획할 수 있을 것이다.

1인 지식 기업은 사람들에게서 관심을 얻는 것이 먼저다. 아무리 훌륭한 콘텐츠라도 그것을 소비하는 사람이 없다면 지속적으로 콘텐츠를 발행할 동력이 없다.

그래서 초창기에 콘텐츠를 올리기 시작할 때가 가장 힘들다. 아직 많은 사람들에게 알려지지 않아서 혼자 허공에 대고 떠드는 것 같은 생각이 들기도 한다. 그러나 지금은 성공적으로 1인 지식 기업을 이끄는 사람도 이런 시절을 거쳤다는 사실을 위안으로 삼아 버텨야 한다.

처음 콘텐츠를 기획하는 단계에서 머릿속에 하고 싶은 말이 구름처럼 둥둥 떠다닌다면 기록이나 도식화를 통해 생각을 정리해본다. 102쪽의 도표는 필자가 글쓰기 콘텐츠를 만들기 위해 내용을 도식화했던 방법이다.

이런 식으로 콘텐츠를 기획하기에 앞서 도식화 작업을 통해 생각의 가지를 명확히 정하다 보면 자신만의 콘텐츠를 기획할 수 있다. 어떤 콘텐츠를 만들지 생각이 정리되지 않을 때는 이렇게 시각화할 수 있는 도표를 활용하는 것도 도움이 된다.

"구슬도 꿰어야 보배"이듯, 흩어져 있는 기억과 정보도 잘 엮어서 하나의 콘텐츠로 만들어야 비로소 가치가 부여된다.

1인 지식 기업가에게는 콘텐츠야말로 지속 가능한 사업의 발판을 마련할 수 있는 종잣돈이 된다. 잘 만들어진 콘텐츠는 그것이 곧 마케팅 수단이 되어 점점더 많은 사람을 불러모을 것이다.

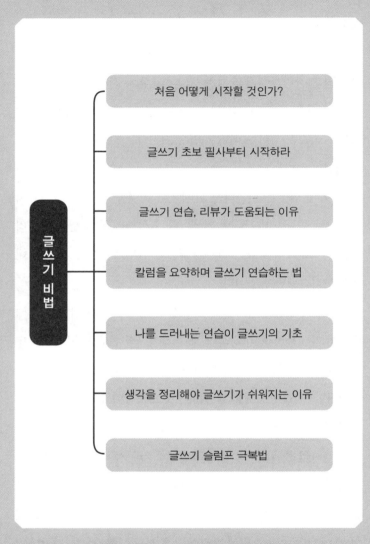

싱크와이즈ThinkWise 기법을 활용한 아이디어 도식화

처음 어떻게 시작할 것인가?

글쓰기 초보 필사부터 시작하라

글쓰기 연습, 리뷰가 도움되는 이유

글쓰기 비법

칼럼을 요약하며 글쓰기 연습하는 법

나를 드러내는 연습이 글쓰기의 기초

생각을 정리해야 글쓰기가 쉬워지는 이유

글쓰기 슬럼프 극복법

상품을 만들기 전에
잠재고객의 반응부터 살펴라

모든 상품은 고객의 니즈와 욕구가 있어야 팔린다. 니즈는 고객이 필요로 하는 것이고, 욕구는 앞으로 고객이 원하게 될 것을 의미한다.

예를 들면, 목이 마른 사람에게 물을 주는 것은 니즈이고, 얼음이 가득한 아이스 아메리카노를 제공하는 것은 욕구를 충족시켜 주는 것이다.

잠재고객의 니즈와 욕구가 무엇인지 파악하는 것은 1인 지식기업가에게 꼭 필요하다. 시대적인 상황과 트렌드도 파악해야 한다. 힘들게 만들었어도 상품은 팔리지 않으면 상품으로서의 가치가 없다. 모든 기업의 목적은 이익 창출이고, 이익을 거두지 못하면 기업은 도태될 수밖에 없다.

이는 1인 지식 기업가도 예외가 아니다. 그동안 배우고 익혔던 경험과 지식을 팔리는 상품으로 만들어내는 것은 1인 지식 기업가의 과제다. 그렇기 때문에 상품을 만들기 전에 미리 잠재고객의 반응을 살핀다면 실패 확률을 줄일 수 있다.

사실 필자도 고객의 니즈와 욕구 파악을 하지 못한 데다 육아라는 예상하지 못했던 상황을 맞아 지식 창업에 실패한 경험이 있다. 원래는 항공사에서 일한 경력을 살려 테마가 있는 여행 상품을 만들고 싶었다. 경험과 지식을 살려 상품화하고 싶었던 것이다.

막상 여행 프로그램을 기획하는 것은 어려운 일이 아니었다. 그런데 아직 엄마의 손길을 필요로 하는 아이들의 육아 문제가 있었다. 바깥에서 많은 일을 하면서 육아를 병행할 수 없었다.

더구나 필자가 꾸준히 올린 여행 콘텐츠를 본 사람들의 반응도 예상과는 달랐다. 사람들은 여행보다는 개인의 '성장'에 관심을 가졌다. 어떻게 아이들을 키우며 꾸준하게 책을 읽는지, 매일 글을 쓰고 아이까지 돌보는데 시간 관리는 어떻게 하는지, 책을 쉽게 쓸 수 있는 비법이 있는 것인지를 더 궁금해했던 것이다.

사람들이 알고 싶어 한 것은 여행 정보가 아니라, 아기 엄마인

필자가 성장을 위해 노력하는 모습과 꾸준하게 글을 쓸 수 있는 방법이었다. 그때부터 사람들이 궁금해하는 것을 콘텐츠로 만들어 올리기 시작했다.

1. 독박 육아 하며 1년에 100권의 독서를 할 수 있는 비결
2. 특별하지 않은 일상에서 글감을 찾는 비법
3. 5년간 꾸준히 글쓰기를 하며 내가 얻은 것

이런 콘텐츠를 만들어 필자의 경험을 공유했다. 예상대로 여행 콘텐츠보다 반응이 좋았다. 자신의 성장에 관심이 많은 30~40대 엄마가 콘텐츠 독자들이었기 때문에 아이들을 키우며 자신도 성장할 수 있는 방법을 알고 싶어 했다. 그들은 나도 글 쓰고 싶다. 어떻게 쓰지?라는 소망과 결핍을 느끼고 있었던 것이다.

그래서 쉽게 배울 수 있는 글쓰기 방법과 글쓰기를 처음 시작하는 사람들을 위한 글쓰기 팁을 콘텐츠로 만들어 블로그에 올렸다. 필자가 제공하는 콘텐츠와 근황을 꾸준히 지켜본 블로그 독자들은 자연스럽게 잠재고객이 되었다.

이를 바탕으로 필자는 곧바로 글쓰기 클래스를 론칭했고, 지금 하고 있는 1인 지식 기업의 시초가 되었다.

만약 잠재고객의 니즈를 모르고 끝까지 여행 콘텐츠로만 밀고 나갔다면 지금까지도 실패의 길을 걷고 있을지 모른다. 더구나 코로나19 사태로 여행 관련 콘텐츠는 한계에 부딪혔다. 고객의 니즈와 욕구뿐만 아니라 시대 상황도 창업의 성패에 결정적인 영향을 미친다는 사실을 절감했다.

이렇듯 콘텐츠에 대한 반응을 살펴본 결과, 잠재고객이 앞으로 무엇을 원할지 미리 파악할 수 있다. 그래서 그다음 강의 프로그램은 '책 쓰기 프로젝트'로 잡았다. 글쓰기 프로그램에 참여하는 사람들은 앞으로 책을 쓰고 싶어 한다는 욕구를 지니고 있다는 점을 파악했기 때문이다.

사람들은 배움을 통해 '업그레이드된 자아'를 원한다. 단순히 글쓰기로 만족할 수도 있지만 자기 이름으로 책을 출판하고 싶어 하는 사람도 많았다.

이런 잠재고객의 욕망을 콘텐츠에 대한 반응을 보고 깨달았다. 글쓰기 프로그램을 듣는 사람들은 나중에 책을 쓸 계획이 있어서 글쓰기를 배우고 싶다는 경우가 많았던 것이다. 그래서 그동안의 경험과 지식을 총동원하여 책 쓰기 프로그램을 개발했고, 이는 또 다른 수익 모델이 되었다.

이렇듯 1인 지식 창업 과정은 콘텐츠부터 시작하는 것이 좋다. 꾸준하게 콘텐츠를 발행하고 잠재고객의 반응에 민감하게 대처하면서 하나씩 아웃풋을 만들어낼 수 있을 것이다.

최근에는 다양한 플랫폼의 발달로 맛보기 콘텐츠를 발행해 잠재고객의 반응을 살필 수도 있다. 아이디어가 있다면 먼저 콘텐츠로 만들어 잠재고객의 반응을 살피고, 또 새로운 아이디어도 얻을 수 있다.

우선 할 수 있는 것부터 체계화시켜 콘텐츠를 만들어보고 잠재고객들의 반응을 살피자. 이처럼 고객들에게 제공할 가치를 만드는 동시에 창업을 진행해간다면 1인 지식 기업의 문턱이 그렇게 높게 느껴지지만은 않을 것이다.

돈 없이
아이디어 실행하기

　1인 기업을 하고 싶은데 자금이 없다거나, 아이디어는 있는데 돈이 없어서 시작을 못 한다는 사람이 많다. 돈이 없어서 아이디어를 실행하지 못했는데 남이 그 아이템으로 수익을 내는 것을 보면, '돈만 있으면 나도 저렇게 벌 수 있었는데'라며 무릎을 친 경험이 분명히 있을 것이다.

　그러나 어쨌든 창업하면 크고 작은 고정비가 든다. 돈은 없지만 아이디어를 실행하고 싶은 사람에게 두 가지 방법을 추천해주고 싶다.

　하나는 각종 창업 지원금에 도전해서 정부 자금을 지원받는 방법이다. 1인창조기업지원센터, 예비창업패키지 등 많은 프로그

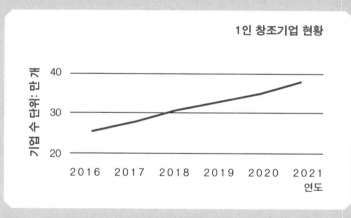

1인 기업 현황

램이 있어서 사무실이나 자금을 지원받을 수 있다.

필자도 창업 지원금을 신청해서 사업비를 지원받은 경험이 있다. 손품, 발품을 팔아 정보를 매일 체크했고, 모집 마감 전에 서류를 작성해서 제출했다. 서류 합격 후에는 발표 평가를 받기 위해 아이템에 대한 설명을 파워포인트로 만들어 심사위원들 앞에서 발표했고 최종 합격했다. 그렇게 받은 지원금으로 1인 기업가에서 팀 창업까지 확장할 수 있는 계기를 마련하고 더 큰 꿈도 키울 수 있었다.

돈 없이 아이디어를 실행하고 싶다면 중소기업벤처부에서 지원해주는 서비스로 도움을 받는 것도 방법이다. 중소기업 및 1인 기업을 장려하기 위해 사무실도 빌려주고 멘토링을 제공하거나 기타 사업비도 지원해준다. 모두 중소기업벤처부의 공식 홈페이지에서 찾아볼 수 있으므로, 매일 홈페이지를 체크하는 습관을 들이는 것이 좋다. 조건, 분야, 나이 등 지원 대상이 다양하므로 자신에게 맞는 모집 공고를 찾아내려면 손품을 팔아야 한다.

개인 자금이 없는데 정부 지원금을 받을 자신도 없다면, 자신이 생각하는 아이템을 디지털 채널로 홍보하는 방법도 있다. 블로그, 카페, 인스타그램 등은 무료로 이용할 수 있기 때문에 집에서도 얼마든지 활용할 수 있다.

https://www.k-startup.go.kr/메인화면

1인창조기업지원센터 지원사업

앞에서도 언급했지만, 1인 기업가로 일을 시작하고 나서 수익이 안정될 때까지는 사무실을 얻느라 돈을 쓸 필요가 없다.

강연이나 상담 진행은 카페나 스터디룸 등을 활용하면 된다. 스터디룸 이용료는 보통 시간당 1~2만 원이고, 큰 회의실은 시간당 4~5만 원이면 빌릴 수 있다. 강연, 상담, 코칭 요청이 지속적으로 이어져 수익 구조가 안정된 후에 사무실을 차려도 늦지 않다. 개인 자금이 없고 지원금도 받기 힘들 때는 고정비^{사무실 임차비, 관리}^{비, 홍보비}를 최대한 줄이는 것이 좋기 때문에, 적은 비용으로도 활용할 수 있는 공간을 찾는 것이 도움이 된다.

아이템이 수익화되지 않은 단계에서 상담이나 강연을 목적으로 사무실을 얻었다가 임차비를 부담스러워하는 사람들을 종종 보곤 한다. 매월 나가는 고정비는 아주 비싸지 않아도 부담이 된다.

먼저 자금이 없다고 아이디어를 포기할 게 아니라, 비용이 적게 드는 디지털 미디어를 통해 홍보하는 데 중점을 두도록 한다.

소액이라도 수익을 창출하게 되면, 2배의 법칙으로 자금 계획을 세우고 수익 구조를 만들어야 한다. 1인 기업을 시작하면 아이템이나 아이디어를 실행에 옮기기 위해 자금이 필요한데, 인건비나 고정비 또는 비상시에 대응할 수 있는 자금까지 2배의 법칙으로 매출과 지출에 대한 계획을 세워야 한다는 말이다.

정부창업지원사업 기관 목록

기관	산하기관	산하기관
중소벤처기업부	창업진흥원	https://www.k-startup.go.kr/
	소상공인진흥공단	https://www.semas.or.kr/
	중소벤처기업진흥공단	https://www.kosmes.or.kr/
산하기관	한국콘텐츠진흥원	https://www.kocca.kr/

2배의 법칙이란 매출이 10이라면 지출은 5만 하는 것을 말한다. 회사의 매출과 다양한 지원금을 활용해 회사를 운영해야 하는데, 2배의 법칙에 따라 자금 계획을 세우고 매출과 지출 구조를 확실하게 구축한다.

그런데 지원금을 가지고 회사가 수익을 내서 이윤을 창출하고 있다고 착각해서는 안 된다. 지원금을 받아 당장 자금이 충분하다고 해서 회사가 잘 돌아가고 있다고 생각해서는 안 된다는 것이다.

이렇듯 돈이 없어도 사업할 수 있는 방법은 찾아보면 얼마든지 있다. 그러니 무작정 자포자기하면 안 된다. 손품과 발품을 열심히 팔면 아이디어를 실행에 옮길 확률은 그만큼 높아진다.

Chapter 3

경험과 지식을 자본으로 만드는
전략 6가지

온라인에서 '나만의 회사'를 구축하는 것은
거창하거나 힘들지 않다.
간단한 툴을 활용해 하나씩 시도하여
잠재고객들에게 자연스럽게 콘텐츠를 노출하고,
회사를 구축할 수 있을 것이다.

영업사원처럼 일하는
블로그 활용법

전 세계의 모든 지역에서, 대부분의 사람이 유튜브를 이용하는 시대다. 누구나 쉽게 영상 콘텐츠를 소비하고 만드는 영상의 시대가 되었으니 블로그 시대는 이제 지나갔다고 말하는 사람들이 있다. 그러나 아직도 많은 사람들이 블로그 검색엔진을 통해 콘텐츠를 소비하고 있다.

특히 1인 지식 기업가에게 블로그 활용은 필수다. 현재 1인 기업으로 활동하고 있는 사람들 중에 블로그를 사용하지 않는 사람은 드물다.

영상 매체와 달리 블로그는 글쓰기를 기반으로 한다. 텍스트는 영상으로 전하기 힘든 감성 메시지를 전해줄 뿐만 아니라 깊이 있게 '나'에 대해 알릴 수 있다.

따라서 처음 1인 지식 기업을 준비하는 사람이라면 스마트하게 블로그를 활용해야 한다. 블로그를 잘 활용한다면 영업사원을 따로 두는 것 못지않게 도움을 받을 수 있다.

블로그를 영업사원처럼 활용하기 위해서는 블로그 운영 계획을 먼저 세워야 한다. 주 7일 중에 몇 번 포스팅을 할지, 어떤 주제로 포스팅할지에 정해두고 정해놓은 계획에 따라 운영하는 것이다.

블로그의 주제를 선정한다

블로그의 주제는 내가 앞으로 하게 될 사업이나 교육 프로그램과 관련된 주제로 정한다. 독서 관련 프로그램을 진행하고 싶다면 책 리뷰를 올리고, 마케팅 관련된 교육을 진행하고 싶다면 마케팅 지식을 주제로 선정한다.

메인 주제에 걸맞은 정보를 담은 콘텐츠를 발행한다

주제를 결정하고 나면 주제에 걸맞은 정보를 수집한다. 이미 그 분야에 대해 많은 것을 알고 있다면 알고 있는 것을 중심으로 콘텐츠를 만들면 좋다. 반면, 아직 그 분야에 대한 지식을 공부하고 있는 중이라면 신문, 책, 영상 등 다양한 매체로부터 자료를 수집해 정보성 콘텐츠를 발행한다.

자신의 성장 과정을 공유한다

최근 배우고 있는 주제와 준비하고 있는 과정, 그 과정에서 느끼는 고민과 성취 등 자신의 근황과 성장 과정을 공유한다. 사람들에게 '나'에 대한 친근함과 공감을 이끌어내기 위해서다. 자신이 해당 분야의 전문가로 성장해가는 과정을 보여주면 사람들이 호감을 느끼기 쉽다.

온라인의 발달로 교육 콘텐츠 하나도 쉽게 복사해서 사용하는 시대가 되었다. '퍼스널 브랜딩'이라는 키워드를 치면 다양한 가격대의 교육 프로그램이 검색된다. 몇만 원짜리 강의도 많아서 가격이 싸다는 이유로 구매하는 사람도 많다.

온라인 시장에는 다양한 욕구가 있고, 이런 시장에서 스스로 경쟁력을 높이는 길은 콘텐츠의 질을 높이고, 사람들이 자신에게 호감을 갖도록 하는 것이다. 다시 말해 규모가 크지 않더라도 팬덤을 형성할 필요가 있고, 사람들에게 양질의 서비스를 제공해야 한다는 말이다.

필자 역시 블로그를 활용해 많은 기회를 만들었다. 블로그를 통해 외부 강의를 하게 되었고, 비즈니스 업무 제안을 받았다. 외부 강사를 초빙하는 담당자는 다양한 검색 기능을 활용해 강사를 선정하는데, 여러 경로를 통해 검증 절차를 거친다. 그 첫 번째가 블로그에 들어가보는 것으로, 카테고리별로 짜임새 있게 쌓여 있는 콘텐츠로 전문성을 파악한다. 블로그 운영자의 입장에서는 블로그가 영업사원이 되어 일거리를 부르는 것이다.

어느 정도 콘텐츠가 쌓이면 무료 강의 프로그램이나 프로젝트를 기획해 재능 기부를 한다. 강의 프로그램이나 프로젝트는 자신의 콘텐츠와 관련 있는 것이어야 한다. 그래야 일관성이 있다.

해당 교육 콘텐츠를 많이 발행했다면 독자들에게 어느 정도 신뢰가 쌓였을 것이다. 이런 신뢰를 바탕으로 프로그램을 만들어보되, 처음에 유료 강의가 어떻게 평가받을지 자신이 없다면 무료로 진행해본다. 이때 블로그의 메인 주제와 관련된 전문적인 콘텐츠를 제공해야 한다.

무료 강의를 하더라도 사람들에게 공지하고 진행한 후, 진행 결과도 포스팅한다. 프로젝트를 진행한 후에는 후기를 올리고, 함께 참여한 사람들의 후기를 공유한다. 그런 식으로 자연스럽게 홍보가 되도록 하는 것이다.

홍보는 남이 대신해주지 않는다. 지금은 셀프 브랜딩 시대다. 정보성 콘텐츠와 전문성 있는 칼럼을 블로그에 올리고, 자신이 진행하는 프로젝트에 관해 사람들에게 알려야 한다. 꾸준히 만든 콘텐츠가 쌓이면 어느새 블로그가 나를 대신해 영업활동을 하게 될 것이다.

처음부터 한 가지 일을 끝까지 밀고 나가면 언젠가는 목적을 달성할 수 있다. 그러므로 1인 지식 기업을 하고 싶다면 블로그부터 차근히 준비하는 것이 좋다. 그렇게 하다 보면 자신만의 전문 세계가 만들어질 것이다.

0원으로 시작하는
인스타그램 브랜딩

최근에 프로필사진을 새로 찍었다. 처음 찍은 것은 3년 전이었는데, 그때만 해도 프로필의 중요성을 알지 못했다.

인스타그램을 하다 보면 외모가 더 매력적인 사람에게 눈이 가기 마련인데, 이때 큰 역할을 하는 게 바로 프로필사진이다. 사람들은 호감 가는 외모에 끌리는 법이다.

인스타그램을 활용한 퍼스널 마케팅은 어제오늘 일이 아니다. 이미 오래전부터 연예인, 강사, 정치인은 물론이고, 중소기업, 대기업에서 인스타그램을 활용해 브랜딩을 하고 있다.

사람들은 이미지를 보고 사진의 주인공이 어떤 사람인지 유추한다. 그러므로 어떤 사람에 대한 호감도가 이미지 메이킹에 좌우

되는 경우가 많다. 이미지 메이킹이란 '다른 사람이 어떤 대상을 보거나 생각할 때 갖게 되는 인상을 의도적으로 만들어내는 일'이다. 정치인 혹은 연예인에게는 이미지 메이킹이 자신을 알리는 데 반드시 필요한 도구다.

갖고 있는 매력이 많은데도 그것을 제대로 표현하지 못하는 사람이 있는가 하면, 자신이 가진 것 이상으로 잘 포장하는 사람이 있다. 인스타그램을 통해 개인 브랜딩을 한다면 자신이 가지고 있는 매력을 제대로 어필해야 한다. 무엇을 하고 어떤 활동을 하는지, 사람들에게 알려야 하기 때문이다.

앞으로 1인 기업을 하기 위해 개인 브랜딩을 시작한다면 인스타그램을 활용한 홍보는 필수다. 주 소비층을 이루는 20~50대의 많은 잠재고객이 인스타그램을 사용하고 있다. 특히 요즘은 오프라인 사업장이 있어도 온라인으로 검색이 안 되면 없는 거나 마찬가지라는 말이 나올 정도로 온라인 마케팅의 중요성이 높아졌고, 그중에서도 많은 사람들이 인스타그램을 사용한다.

1인 기업 창업자가 온라인 브랜딩을 위해 제일 먼저 신경 써야 하는 일은 인스타그램 계정의 프로필이다. 《엠마쌤의 인스타그램 좋아요&팔로워의 비밀》을 쓴 옥유정은 프로필의 중요성을 누구보다도 강조한다. 전문성을 돋보이게 하는 프로필사진은 기본이고, 자신을 알리는 대문이라고 할 수 있는 프로필 소개는 매력적으로 보이도록 작성해야 한다.

프로필에는 닉네임 혹은 이름, 자신이 어떤 일을 하는 사람인지 적는다. 자신을 잘 모르는 사람이라도 프로필만 봐도 직업이 무엇인지 알 수 있도록 해야 한다.

1인 기업을 하고자 마음을 먹었다면 그 순간부터 인스타그램을 통해 자신을 어필하고 창업 포트폴리오를 쌓아나가도록 한다. 피드를 통해 꾸준하게 개인 브랜딩을 하라는 말인데, 1인 기업가가 인스타그램으로 브랜딩을 할 수 있는 방법은 크게 두 가지로 나뉜다.

하나는 개인 브랜딩에 초점을 맞추는 경우다. 말 그대로 개인으로서 활동하는 내용을 중심으로 콘텐츠를 만들어 사람들에게 호감을 얻는 것이다.

창업 초기에는 내세울 만한 실적이 제대로 없기 때문에 자신이 누구인지 알리는 것부터 시작한다. 간단한 일상을 피드로 구성하면 접근하기 쉽다. 그렇다고 단순히 개인적인 일상사를 올리기보다는 1인 기업가로서 어떤 사람을 만났는지, 어떤 것을 배우고 있는지 자주 노출시키는 것이다.

이는 전문성을 갖춘 모습을 보여주기 위한 준비 단계인 셈이

개인 브랜딩형 프로필과 피드 구성

다. 준비 과정을 앞으로 할 일과 연관 지어서 보여주면서 프로다운 모습을 부각시켜 사람들에게 다가가는 것이다. 그저 보기에 멋지고 좋은 모습을 보여주는 것은 아무 의미도 없다. 그보다는 1인 기업가로서 프로페셔널하게 성장하는 과정을 노출하는 게 중요하다. 그래야 팔로워들의 공감을 사기 좋다.

그렇다면 개인 브랜딩에 초점을 맞추어서 프로페셔널하게 어필하려면 어떻게 해야 할까? 우선 자신이 어떤 일을 하는 1인 기업가인지 누구나 한눈에 알아볼 수 있도록 피드를 구성해야 한다. 피드는 전체적으로 일관된 콘셉트를 따르는 톤앤드매너tone and manner 방식을 따르면 좋다.

간혹 피드에 고객과의 상담, 다른 대표들과의 미팅, 행사 관련 사진은 하나도 없고, 열심히 일하는 사진도 없이, 오늘 입은 옷이나 반려동물 사진만 잔뜩 올려놓는 사람이 있다. 인스타그램으로 수익을 창출하겠다면서도 일과 관련된 모습을 찾아볼 수 없다면 개인 브랜딩에 실패한 것이다. 개인적인 일상보다는 고객들과 상담하는 모습이나 그들을 통해 느낀 점, 바쁘게 일하는 모습 등을 보여주었다면 많은 성과를 거둘 수 있었을 것이다.

인스타그램을 활용하는 두 번째 방법은 콘텐츠 위주로 브랜딩하는 것이다. 인스타그램은 사진 한 장에 따라 계정의 이미지가

콘텐츠형 브랜딩의 프로필과 피드 구성

좌우된다. 사적인 모습을 노출하기 곤란하거나 얼굴을 노출하기가 부담스럽다면 도움이 되는 콘텐츠로 브랜딩한다.

파워 인스타그래머 J는 부산에서 독립 서점을 창업할 생각으로, 독립 서점의 이름을 그대로 붙인 인스타그램을 운영하기 시작했다.

그리고 '책 서평'이라는 큐레이션 콘텐츠를 올리는데, 자신이 읽은 책을 잘 찍어서 책에 대한 서평을 써서 콘텐츠를 만든다. 이렇게 책과 관련한 콘텐츠를 올리면서 독립 서점 주인장이 되고 싶다는 자신의 꿈을 어필하며 개점을 준비하는 모습을 콘텐츠로 만들어 보여주었다. 책에 관심이 많은 사람들은 그의 서평을 보고 팔로우하기 시작했다.

J는 독립 서점에서 판매할 책을 읽어보고 서평을 남기며 자연스럽게 사람들이 책을 구매하도록 유도했다. 사진도 그의 서점을 배경으로 하고 있어서 일관된 모습을 보여주었다. 이렇게 책의 서평으로 콘텐츠를 쌓아 올린 다음, 자신을 독립 서점 주인으로 브랜딩한 것이다.

콘텐츠 하나로 20만 팔로워를 모은 인플루언서 K는 콘텐츠 계정으로 브랜딩한 경우다. 그는 주로 책에서 본 내용을 카드뉴스 형식으로 만들어 글스타그램이라는 콘텐츠를 발행했다. 그리고 콘텐츠를 개인 브랜딩에 활용했다.

사람들이 많이 모이자 그들이 자연스럽게 강의 프로그램의 잠재고객이 되었고, 콘텐츠에 대한 신뢰가 쌓이며 팔로워들은 진성고객이 되었다.

필자는 콘텐츠 계정과 개인 브랜딩 계정을 운영하고 있다. 처음에는 개인 브랜딩 계정만 운영하다가 우연히 올린 서평이 여기저기 공유되면서 '좋아요'가 1,000개 넘게 달렸다. 그때 독자들이 좋아하는 콘텐츠가 필자의 일상을 담은 사진이 아니라 서평이라는 사실을 깨달았다. 그래서 개인 브랜딩 계정에서 북스타그램으로 전향했다. 그랬더니 팔로워가 급격히 늘었다.

그 후 일하는 모습을 따로 담은 개인 브랜딩 계정을 개설했다. 두 개의 계정을 한꺼번에 운영하면 시간과 노력이 더 들지만, 팔로우를 모으는 데는 타깃을 확실하게 정하여 콘텐츠를 올리는 편이 더 효과적이다.

개인 브랜딩 계정에는 강의하는 모습을 주로 올리고 가끔 일상의 모습을 올린다. 일과 일상의 비중은 7:3 정도로 한다. 일하는 모습 위주로 피드를 관리했더니 사람들에게 '교육 전문가'라는 인식을 심어줄 수 있었다. 이처럼 인스타그램 콘텐츠를 꾸준히 운영한 덕분에 팔로워들은 진성 고객이 되었다.

인스타그램은 소셜 미디어 중에서 간단하고 쉽게 배울 수 있는 플랫폼이다. 블로그처럼 긴 글도 필요 없고, 유튜브보다는 영상을 찍고 편집하기가 간편하고 쉽다. 감각적인 사진 한 장과 자신의 감성을 담은 SNS 글쓰기로 충분히 브랜딩이 가능하다.

　　아울러 잘 구축된 인스타그램 브랜딩 계정은 마케팅 비용을 줄여준다. 진성 팔로워만 많이 모을 수 있다면 광고 비용은 제로에 가깝다. 따라서 초기 비용을 줄여야 하는 1인 기업이라면 잘 활용해야 한다.

온라인에서 손쉽게
회사 구축하기

처음 1인 기업을 시작할 때는 온라인상에 회사를 구축해야 한
다. 게다가 코로나19 사태로 비대면 영업이 더욱 강화되면서, 온
라인 마케팅에서 브랜드를 강화하고 고객 편의성을 높이는 일이
중요해졌다.

우선 회사 브랜딩을 위해 간단하게라도 홈페이지를 만들 것을
추천한다. 홈페이지 대행업체에 맡겨 비용을 쓰는 것은 위험 부담
이 있다. 초기에는 큰 자본을 들이지 않고 간단하게 홈페이지를 구
축하는 것이 좋다. 다시금 말하지만, 초기 투자 자금을 최대한 아
끼는 것이 1인 기업가의 기본 자질이다. 나중에 매출이 나면 리브
랜딩을 하거나 업그레이드하면서 홈페이지를 다시 만들면 된다.

Wix라는 홈페이지 빌더를 간략히 소개해보겠다. 이 툴의 특징은 전문적인 코딩 지식이 필요 없고, 직접 홈페이지를 만들 수 있다는 점이다. 그러므로 간략한 회사 소개 또는 아이템의 랜딩 페이지를 만들 수 있다.

디자인 관련 업종이라면 홈페이지에 포트폴리오를 올려놓고 회사를 소개하는 홍보 페이지로 활용할 수 있다. Wix에는 활용할 수 있는 템플릿의 종류가 많아서 선택의 폭이 넓다. 하지만 네이버페이를 쓸 수 없다는 단점이 있어서 브랜딩 홍보와 회사의 랜딩 페이지로 적합하다. 무료로 만들 수 있고 도메인을 연결할 수도 있는 것은 장점이다. 매달 2만 원을 내고 시작하는 플랜이 있고, 연간 플랜을 구입하면 더 저렴하게 이용할 수 있다.

네이버 사용자라면 모두 홈페이지를 무료로 사용할 수 있다. 기본 템플릿을 제공하고, 네이버예약도 활용할 수 있어서 스케줄을 관리하기도 쉽다. 네이버지도와 연동하면 주소가 뜨기 때문에 카페, 자영업자, 개인 사무실을 홍보하고 싶은 사람에게 적합하다. 네이버검색 노출이 쉬워서 홍보 효과도 높은 편이다.

무엇보다 직접 만들고 수정하기도 쉽고, 검색부터 호스팅까지 이용할 수 있다는 장점이 있다. 회사 랜딩 페이지나 홍보용으로 사용하기에는 한계가 있지만, 회사에 대한 정보를 제공하거나 검

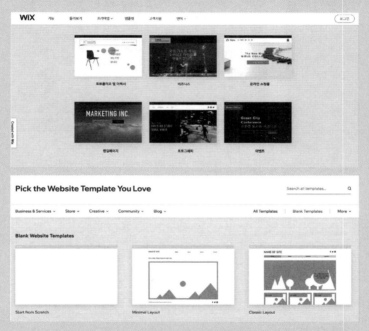

https://www.wix.com의 예시

https://www.modoo.at 자기가 해당되는 분야에 맞는 템플릿을 선택한다.

https://www.modoo.at 사무실 위치를 노출하고 문의 및 신청하기 메뉴를 연결한다.

색에 많이 노출되고 싶다면 이용해볼 것을 추천한다.

처음 시작할 때는 많은 자금을 들이지 말고 이런 무료 서비스를 활용하여 간편하게 홈페이지를 구축하는 것이 좋다. 한편 유튜브, SNS, 홈페이지, 블로그 등 다양한 미디어를 이용해 가능한 한 채널을 많이 만들도록 한다. 한 채널에 집중적으로 돈과 시간을 들이기보다는 홈페이지와 SNS 및 유튜브 등을 다양하게 활용하면 시너지 효과를 낼 수 있다.

요즘은 카카오톡 오픈 채팅방을 커뮤니티로 활용해서도 잠재고객을 모집할 수 있다. 오픈 채팅방은 누구나 방을 만들 수 있는데, 자신의 관심 분야나 검색어를 해시태그로 만들어 올리면 공통 관심사를 가진 사람들이 '그룹 채팅 참여하기'를 클릭하여 방에 입장한다. 이렇게 오픈 채팅방에서 수익을 창출하기도 한다.

G대표는 부동산 재테크 분야를 전문으로 하는데, 오픈 채팅방에서 모임을 만들어 꼬마 빌딩 만들기 프로젝트를 진행한다. 부동산 컨설팅을 해주거나 꼬마 빌딩 만들기를 통해 수익을 창출하는 것이다. 오픈 채팅방은 관심 분야를 직접 검색해서 들어온 사람들이 모이는 것이기 때문에 매우 적극적으로 활동이 이루어지고 잠재고객이 된다.

마찬가지로 카카오톡 단톡방도 활용할 수 있다. 단톡방은 친분 있는 사람들이 모이지만, 이를 새로운 비즈니스 창구로 이용하기도 한다.

필자는 수업을 받은 교육생들과 인연을 이어가기 위해 단톡방을 만들었는데, 지금은 작은 커뮤니티가 되었다. 그리고 단톡방 회원들이 그다음에 진행되는 교육 프로그램의 진성 고객이 되기도 했다.

단톡방이 좋은 이유는 커뮤니티 형식이라 상업적인 분위기가 덜하고, 도움되는 정보를 서로 주고받으면서 자연스럽게 친분이 형성된다는 점이다. 주변에도 단톡방을 키워 회사처럼 운영하는 1인 기업 대표가 있다. 잘 키운 단톡방이 오프라인 사업체 못지않게 수익을 가져다준다고 말한다. 이는 시대적인 흐름으로, 앞으로도 이런 추세는 지속될 것으로 보인다.

온라인에서 '나만의 회사'를 구축하는 것은 거창하거나 힘들지 않다. 간단한 툴을 활용해 하나씩 시도하여 자연스럽게 잠재고객들에게 콘텐츠를 노출하고, 회사를 구축할 수 있을 것이다.

한 권의 저서로 나만의 콘텐츠를 세상에 알리는 법

"10년이면 강산이 변한다"고 하지만, 요즘은 변화의 속도가 5G급으로 빠르다. 5년, 10년 단위로 시대의 변화를 체감하던 과거와 달리 최근에는 해마다, 아니, 달마다 세상이 바뀌는 것 같다. 코로나19 사태 이후로는 삶의 방식도 예전과는 비교도 안 될 만큼 바뀌었다.

과거에는 전문 지식을 보유한 지식인, 학자, 교수 등 전문 직종 종사자들이 책을 쓸 수 있었다. 지금은 책을 읽는 인구는 점점 줄어든다고 하지만 책을 쓰고 싶어 하는 사람은 늘어나는 추세다. 일반인들도 책을 쓰는 시대가 된 것이다.

게다가 고급 지식과 정보가 일부 계층에게만 공유되던 시대는

지나고, 지금은 많은 이들이 다양한 매체를 통해 새로운 정보를 습득할 수 있다.

요즘 사람들은 단순한 지식과 정보보다는 창의력과 감성을 겸비한 정보를 원한다. 그래서 인스타그램의 감성 글에 사람들이 열광하는 것이다. 이렇게 독자층을 확보한 인플루언서는 출간 제의를 받고 저서를 출판한다. 이들은 자신의 콘텐츠를 온라인을 통해 사람들에게 제공하여 책을 출간하면서 자연스럽게 지식 기업가의 길을 간다.

아무리 훌륭하고 고유한 콘텐츠가 있어도 그것을 사람들에게 효과적으로 알리지 못하면 무용지물이다. 우선은 콘텐츠를 여러 방법을 통해 세상에 알리는 것이 중요하다. 따라서 콘텐츠를 만드는 사람이라면 '원 소스, 멀티 유즈One source, multi Use'를 활용해야 한다. 콘텐츠를 다양하고 많은 방법으로 사람들에게 알려서 콘텐츠와 자기 자신의 가치를 높여야 한다는 말이다.

특히 온라인 콘텐츠 말고도 자신의 이름으로 책을 내면 좋다. 책은 자신의 가치를 높이는 일이다. 지식 기업의 경우 책을 써서 브랜딩 작업을 하면 다른 사람보다 훨씬 유리한 입장에서 창업할 수 있다.

저서를 내려면 무엇보다 책 한 권을 채울 만한 콘텐츠주제와 소

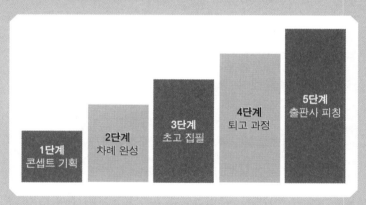

책 쓰기 프로세스

재가 있어야 한다. 하고 싶은 이야기와 그 이야기를 채울 만한 소
재가 충분해야 한다는 말이다. 지식 창업자들의 책 쓰기 과정을
간단히 설명하면 다음과 같다.

첫째, 콘셉트를 기획한다.

콘텐츠를 효과적으로 표현하기 위해 어떤 콘셉트로 다른 사람
과 차별화할 것인지를 정한다. 쓰고 싶은 소재는 많을 수 있다. 그
많은 소재 중에서 자신만의 강점을 찾고, 다른 사람과 차별화할
수 있는 포인트를 찾아내는 것이 중요하다.

둘째, 콘텐츠를 돋보이게끔 차례를 구성한다.

책 쓰기는 차례 구성이 매우 중요하다. 차례가 중구난방이면
집필 방향이 흔들린다. 쓰려는 경쟁 도서를 잘 분석하고 집필 방
향을 분명히 해서 짜임새 있는 차례를 만들어야 한다. 그래야 출
판사의 눈길을 끌 수 있다.

셋째, 초고를 집필한다.

책의 콘셉트를 정하고 차례를 구성하고 나면 그에 따라 내용
을 채운다. 초고는 말 그대로 처음 쓰는 글이므로, 굳이 잘 쓰기보

다는 우선 원고를 완성하는 데 초점을 준다. 책을 쓸 때에는 충분한 자료 조사를 통해 소재를 풍부하게 모으고 그 소재를 바탕으로 집필한다. 그리고 자신의 경험이 들어가야 독자들에게 신뢰감을 주고, 다른 책과 차별화된다는 점을 기억해야 한다.

넷째, 퇴고 과정을 거친다.

퇴고는 초고를 수정하는 작업인데, 글의 완성도를 높이기 위해 여러 번 퇴고 과정을 거친다. 어느 책이든 여러 번의 수정 작업과 전문가의 손길을 거쳐야 한다.

다섯째, 출판사를 찾아 계약한다.

자신이 자주 보는 저자나 분야의 책을 내는 출판사를 찾아본다. 책 판권에는 출판사 이메일이 실려 있으니, 정성스럽게 쓴 원고를 출판사에 보내고 연락이 오는 곳과 적절히 협의하여 진행한다.

마지막으로 책이 출간된 후에도 출판사만 믿고 저자가 가만히 있으면 책이 팔리지 않는다. 독자에게 적절한 마케팅 방법을 찾아 홍보해야 한다. 서평 이벤트, 도서 인플루언서와 함께 하는 세일 즈를 활용해 적극적으로 책을 홍보한다. 책을 적극적으로 홍보해서 책이 잘 팔린다면 책이 자신을 대신하여 콘텐츠를 세상에 알려줄 것이다.

한 권의 책은 저자가 어떤 생각을 하는지, 어떤 스토리의 주인 공인지 세상에 알려준다. 콘셉트가 확실한 책은 다양한 기회로 연결되기도 한다. 외부 강의, 업무 제안, 강연 요청이 책을 통해 이루어지기 때문이다.

한편 기업에서도 홍보 마케팅을 위해 엄청난 예산을 쓰는데, 회사 대표는 자신을 브랜딩하기 위해 책을 쓰기도 한다. 대표가 유명세를 타면 회사의 매출에도 영향을 미치기 때문이다. 그러므로 1인 지식 기업가를 꿈꾼다면 책을 쓰지 않을 이유가 없다. 홍보 마케팅 비용을 절감할 수 있을 뿐만 아니라, 책을 읽는 독자들에게 선한 영향력을 끼칠 수 있기 때문이다.

책을 쓰는 데 들이는 시간과 비용이 부담된다면 우선 전자책으로 출판하는 것도 좋다. 이렇듯 책을 내면 포트폴리오가 쌓이고 대표의 역량도 함께 커진다. 그것이 전문성을 증명하는 길이기도 하다.

잘 알려진 기업의 대표들 중에 저서가 없는 사람은 거의 없다. 성공한 사람들은 대부분 저서가 있다. 책으로 자신을 브랜딩하는 방법을 알고 있는 것이다. 책 쓰기로 자신만의 콘텐츠를 세상에 알리자.

지식 기업가를 위한
전략적 책 쓰기 스킬

'과연 책을 쓸 수 있을까? 어떻게 책을 쓰지? 아무나 못 쓰는 거 아냐?'라며 막연한 두려움을 느낄 수 있다. 하지만 앞에서 살펴본 대로 1인 기업가에게 책은 중요한 도구다.

그리고 누구든 몇 가지 책 쓰기 스킬을 습득한다면 두려움을 극복하고 책을 쓸 수 있다. 여기서는 책을 쓰기 위한 환경을 어떻게 만드는지, 전략적으로 콘셉트를 잡고 차례를 만드는 과정을 설명하려 한다.

책을 쓰기로 결심했다면 책을 쓸 수 있는 환경을 만드는 것이 중요하다. 책을 집필할 때 상당한 양의 도서를 읽어야 한다. 여러 도서를 읽다 보면 새로운 아이디어를 얻고 트렌드를 파악할 수 있기 때문이다.

필자는 책을 쓸 때 서재에 책을 쌓아두는데, 왼쪽에는 일반적인 경영경제 도서를 차례로 쌓아놓고 집필하려는 주제의 경쟁 도서를 그 옆에 쌓는다. 오른쪽에는 책과 관련된 전문 도서를 쌓는다. 그러면 집중할 수 있다. 이후 몰입 독서와 전략 독서를 통해 자신만의 스토리를 어떻게 쓸지 큰 그림을 그린다. 이렇게 쌓아둔 책은 차례를 만드는 과정에도 많은 도움을 준다.

책을 쓸 수 있는 환경을 만들었으면, 주제를 구체적으로 선정한다. 지식 창업을 하고 싶다면, 주제를 지식 창업의 아이템이 될 수 있는 콘텐츠로 정해야 홍보 효과를 극대화할 수 있다. 콘셉트를 정하고 나면 차례를 만든다.

- 아이템: 취업

- 가제: 한 권으로 끝내는 취업 특강

- 만드는 순서: 차례를 만들고 장 제목을 정한 후, 꼭지당 소제목을 잡는다.

1장 나는 왜 취업이 안 될까?

1. "너도 어서 좋은 데 취직해야지?"

2. 당신이 취업이 되지 않는 진짜 이유

3. 그들은 어떻게 취업이 되었는가?

4. 취업 목표를 제대로 세워라

5. 어학연수와 자격증이 진짜 중요할까?

6. 밑도 끝도 없이 영어 공부만 하지 마라

7. 흔한 자기소개서, 흔한 이력서에서 탈출하라

8. 이기는 취업이 답이다

9. 취업에도 추월 차선이 있다

　차례를 만들 때는 머릿속에 있는 생각만 짜내려고 하지 말고 최근 트렌드가 되는 주제 및 끌어당기는 키워드를 쓴다. 그리고 쉽고 자연스러운 소제목을 만들어본다. 차례를 만들 때는 최대한 많은 양의 키워드를 포함하는 편이 효과적이다.

　이제 글을 써보자. 한 꼭지를 쓸 때도 서론, 본론, 결론으로 구성해서 집필한다. 서론은 본격적인 글이 시작하기 전에 콘셉트를 소개하는 부분이다. 콘셉트에서 벗어나지 않게 자신의 경험을 간략하게 소개하거나 일반적인 질문을 던지며 시작할 수 있다. 본론에는 자신의 경험 및 사례에 대해 부연 설명을 한다. 결론은 너무 길지 않게 간략하게 정리하는 것이 좋다.

그리고 글을 쓸 때는 문장을 쉽고 간결하게 쓰는 것이 좋다. 다음은 서론의 내용이다.

소제목: "너도 어서 좋은 데 취직해야지?"

"너도 대학 좋은 데 가야지?"
"너도 어서 좋은 데 취직해야지?"
"너도 어서 결혼해야지?"'

듣기 싫은 말 3종 세트다. 지겨울 만도 하지만, 매년 친척들의 질문은 변하지 않는다. 특히 취준생이라면 명절 때마다 "너도 어서 좋은 데 취직해야지?"라는 소리가 가장 듣기 싫을 것이다.

《한 권으로 끝내는 취업 특강》 중에서

소설이나 심오한 내용을 담은 철학 책이 아니라, 실용적인 정보를 전달하고 독자들에게 동기를 부여해주기 위해 쓰는 책이라는 사실을 잊지 말아야 한다. 문장을 간결하게 써야 독자들이 이해하기 쉽고 정보를 전달하는 데 효과적이다. 그러므로 한 문장에는 한 가지 개념만 담는다.

명언이나 어려운 말만 잔뜩 늘어놓기보다는 직접 겪은 사례, 의견, 조언, 노하우 등을 문장에 녹여낸다. 구체적인 경험 사례에서 독자는 저자의 경험을 간접 체험하면서 그 경험을 바탕으로 느끼고 판단할 수 있다. 그렇게 하면 저자의 의견이나 조언, 노하우를 더 쉽게 이해할 것이다.

특정인의 책을 사는 것은 독자가 그 작가에게서 얻고자 하는 것이 있기 때문이다. 굳이 책을 구입하지 않더라도, 단순히 유명인의 명언이나 어록을 알고 싶다면 인터넷에서 검색하면 쉽게 찾을 수 있다.

짜임새 있는 구조와 간결한 문장은 독자에게 정보를 이해하기 쉽게 전달한다. 잘 팔리는 책은 쉽게 읽히고, 많은 것을 느끼게 한다. 그리고 독자는 집필한 사람이 실제로 겪은 경험에 기반한 조언이나 노하우 등을 적용하고 활용할 수 있다.

타고난 말주변 없이
강의력 키우는 법

　1인 지식 기업은 지식과 경험을 상품화하여 파는 것이다. 그래서 1인 지식 창업가에게 강의력은 생명과도 같다. 퍼스널 브랜딩 강의를 진행하면서 수강생들로부터 강의력이 부족해 고민이라는 말을 많이 들었다. 그러나 타고난 말주변 없이도 누구나 강의를 할 수 있다.

　물론 지식과 경험을 상품화하는 방법은 얼마든지 있다. 저서를 통한 인세 수입, 온라인 콘텐츠를 만들어 인플루언서가 되어 얻는 간접광고 수익, 외부 강연으로 받는 강의료, 교육 프로그램 등으로도 돈을 벌 수 있기 때문이다. 그러나 강의나 교육 프로그램이 주된 수입원이 된다. 따라서 외부 강의를 진행하거나 내부 교육 프로그램을 만들기 위한 강의력은 필수다. 1인 지식 기업가를 준비하고 있다면 강의력을 키워야 한다.

강의력은 타고난 달변가가 아니어도, 스피치 혹은 발성을 따로 배우지 않아도 스스로 연습을 통해 키울 수 있다. 현재 프리랜서 강사 활동을 하거나, 1인 지식 기업가로 활동하는 사람들도 타고난 달변가가 아닌 경우가 많다.

예쁘고 잘생기면 인플루언서가 되기 쉽긴 하지만, 그렇다고 외모만으로 인플루언서가 되는 것은 아닌 것과 마찬가지다.

대중의 관심과 사랑을 받기 위해서는 다양한 요소가 필요하다. 매력 포인트, 공감을 끌어내는 글솜씨와 성실 근면한 성격 등 보이지 않는 자질이 더 중요하게 작용한다.

언뜻 생각하면 화려한 언변을 가진 사람이 강의를 잘할 것 같지만, 지속적으로 강의를 끌어가기 위해서는 겉으로 드러나지 않는 요소가 더 중요하다.

강의력이 좋은 사람들이 지닌 기본적인 공통점이 있다. 우선 강의 콘텐츠가 훌륭하다. 즉, 자신이 알고 있는 분야에 대한 이해가 풍부하다. 누구나 자신이 좋아하고 자신 있는 분야는 강의할 수 있다. 그러므로 잘 알고 있는 분야나 좋아하는 분야를 강의 콘텐츠로 삼으면 타고난 말주변이 없어도 한 시간 정도는 충분히 소화할 수 있다.

또한 강의를 잘하는 사람들은 기본 상식이 풍부하다. 다양한 관점으로 바라볼 뿐 아니라 알고 있는 지식이 많기 때문에 관련 주제를 술술 잘 풀어낼 수 있다. 자신이 소화하여 경험을 통해 지혜로 얻어낸 지식이라면 강의를 더 잘할 수 있다.

이때 듣는 사람은 공감과 감동, 말이 주는 힘을 느끼게 된다. 단순히 말주변만 좋아서는 청중에게 공감을 이끌어낼 수 없다. 동기 부여 강연이 어려운 이유는 지식을 넘어 지혜와 감동을 전달해야 하기 때문이다. 동기를 부여하려면 책을 통해 얻은 지식만으로는 감동을 전하기 어렵다. 강연가 스스로 삶에서 깨달은 지혜가 녹아 있어야 한다.

우리나라에서 내로라하는 강사들은 이런 요소들을 두루 갖추고 있다. 지식, 지혜, 실력, 언변, 쇼맨십, 청중 장악력까지 있다면 훌륭하다. 그러나 이런 능력을 갖추지 않았더라도 실망할 필요는 없다.

지금은 잘 알려진 유명 강사들도 모두 초보 강사 시절을 거쳤다. 그들도 몇 명 되지 않는 청중들 앞에서 좌절하고, 부족한 강의력 때문에 좌절하며 눈물 흘린 시절이 있었다. 그런 무명 시절에도 연습을 통해 실력을 키우는 데 집중했기 때문에 지금의 자리에

오른 것이다.

그렇다면 타고난 말주변이 없더라도 어떻게 강의력을 키울 수 있을까? 필자도 강의하면서 가장 고심했던 부분이다.

강의 콘텐츠를 탄탄하게 준비한다

기본 중 기본이다. 총알 준비가 제대로 되지 않으면 전쟁에서 승리할 수 없다. 강사에게 강의 콘텐츠는 군인의 총알이나 마찬가지다. 자신이 알고 있는 분야라고 해도 충분한 자료 조사와 연구를 통해 강의 콘텐츠를 탄탄하게 준비해야 한다.

강의 콘텐츠는 지식을 전달할 뿐 아니라, 강사의 경험이 녹아 있어야 청중의 공감을 살 수 있다. 객관적인 자료를 바탕으로 한 본인의 경험, 관심을 끌 만한 영상이나 음성 자료를 적절하게 넣으면 보는 사람도 즐겁다.

강의안을 만든 후 원고를 작성한다

말은 곧 글이다. 그러므로 말을 잘하려면 머릿속에 내가 하고 싶은 말이 잘 정리되어야 한다. 필자는 처음 강의를 할 때 분명 강의안을 잘 준비했다고 생각했는데, 막상 하고 싶은 말을 다 못 해 후회되는 일이 잦았다. 그러려면 강의가 익숙해져서 강의안만 봐도 준비한 멘트가 술술 나올 정도가 되어야 한다. 그렇지 않다면 따로 원고를 작성해 잘할 때까지 연습하도록 한다.

강의안을 보면서 하고 싶은 말을 글로 옮기면 머릿속이 정리된다. 처음 강의하는 사람이라면 강의 원고를 통째로 외워서 자연스럽게 튀어나올 때까지 연습하자. 원고 작성할 시간이 부족하다면 크게 차례를 구성한 후 키워드 중심으로 강의안으로 준비해 자신이 하고자 하는 말을 놓치지 않도록 한다. 글이 곧 말이 되어 강의할 수 있다면 메시지가 분명하게 전달될 것이다.

이미지 트레이닝을 통해 청중 앞에서 강의하는
자신의 모습을 반복적으로 그려본다

처음 강의하면 부담감과 두려움이 엄청나다. 첫 강의 때는 두렵고 무서워서 한 시간이 어떻게 흘렀는지 모를 정도였다. 이럴 때 이미지 트레이닝을 통해 극복할 수 있다.

이미지 트레이닝은 국가대표 운동선수들도 많이 사용하는 방법인데, 큰 경기를 앞두고 큰 무대에서 자신이 마음껏 기량을 펼치는 모습을 상상한다. 이는 잠재의식을 활용하는 것으로, 두려움을 극복하기 위해 반복적으로 자신의 모습을 상상하며 트레이닝하는 방법이다.

강사를 키우는 강사로 유명한 정찬근 강사는 《강사력》에서 이미지 트레이닝 방법을 추천했다. 그는 이미지 트레이닝을 할 때 학습자가 반응하는 모습까지 상상하면서 성공적으로 강의하는 모습을 '구체화'하라고 강조한다. 또 매일 5분 정도 집중하여 꾸준하게 해보라고 조언한다.

필자도 이미지 트레이닝을 활용한 강의 연습을 많이 했는데, 긴장감을 낮추는 데 도움이 되었다.

시뮬레이션 강의를 통해 충분히 연습한다

"연습을 실전같이, 실전을 연습같이"라는 말이 있다. 필자는 초등학생 때 '말하기 대회'에 나간 적이 있었는데, 정해진 주제에 대해 자신의 의견을 말하는 대회였다.

그때 가장 많이 했던 것이 실전처럼 연습하는 것이었다. 실전에서 기량을 제대로 펼치지 못한다면 그동안의 노력이 물거품이 된다. 몇 달을 연습해도, 단 한 번만 진행되는 대회에서 자신의 실력을 뽐내지 못하면 상을 탈 수 없었다.

담당 선생님은 매일 교실 앞에 필자를 세워놓고는 원고를 외워 실전처럼 말하는 연습을 시켰다. 시선, 말의 고저음, 음량, 원고 내용까지 철저하게 체크하고 피드백을 받았다. 그 방법이 나중에 강의를 준비할 때 도움이 되었다.

강의안을 만들고 원고 준비와 이미지 트레이닝까지 마쳤다면, 시뮬레이션을 통해 끊임없이 연습하도록 한다. 그것도 실전처럼 말이다. 말주변을 타고나지 않았더라도 연습과 훈련을 통해 훌륭히 강의할 수 있게 될 것이다.

실전과 복습을 통해 보완한다

강의 후 피드백을 받거나 강의를 영상으로 찍어 점검한다. 시선 처리부터 음량, 말소리, 말의 속도, 강의 시간 분배까지 철저하게 분석해 스스로 피드백 과정을 거친다.

◇ ◇ ◆ ◇ ◇

돌아가지 않는 기계는 녹이 스는 법이다. 말하는 일도 연습을 통해 단련된다. 말재주를 타고난 사람은 많지 않다. 재주가 있어도 부단히 갈고닦지 않으면 타고난 재능도 녹이 슨다. 끊임없는 노력이 훗날 사람을 감동시키는 전문 강사로 만들어줄 것이라는 사실을 잊지 말자.

Chapter 4

지금 바로 따라 할 수 있는
1인 기업 제대로 시작하는 법

자신이 잘 아는 전문 분야가 있다면
고객에게 물건을 세일즈하기보다는
전문가로서 고객을 코칭하라.

타깃 고객을 분석하라

　양궁 선수들은 수없이 되풀이해서 화살을 쏘며 과녁 한가운데를 맞힐 확률을 높이는 방법을 연구한다. 야구 선수들은 홈런을 치기 위해 수없이 스윙을 연습한다. 모두 하나의 목표를 위해 끝없이 연습해서 성공 확률을 높이려 노력하는 것이다.

　여기서 살펴볼 만한 점은 그들의 타깃이 분명하다는 사실이다. 노력이 헛되지 않으려면 가려는 목적지와 타깃이 확실해야 한다. 목표가 명확하지 않으면 아무리 열심히 해도 시간과 노력을 낭비하기 쉽다.

　그동안 쌓은 경험과 지식은 주먹구구식이기보다는 명확한 타깃에게 유용한 내용일 때 가치를 발휘한다. 1인 지식 기업을 염두에 두고 있다면 '나의 타깃 고객'은 누구인지 먼저 분석할 필요가 있다. 여기서 타깃은 '내가 목적을 이루기 위해 설정한 주된 대상'을 가리킨다.

1인 지식 기업이라는 목표를 세우고 실전을 위해 준비했다면, 그다음에는 서비스나 상품의 가치를 누구에게 제공할 것인지 설정해야 한다.

알 리스, 잭 트라우트의 《마케팅 불변의 법칙》에서는 초점을 좁혀 어느 '하나'의 대표가 되라고 조언한다. 다른 마케팅 책에서도 타깃을 가능한 한 좁히라고 조언한다.

예를 들어, 3040 여성이라는 넓은 범위보다는, 서울 사는 30대 여성 중 결혼하지 않고 자기계발에 관심이 있는 30~35세 여성이라는 식이다. 이런 식으로 나이, 지역, 관심사, 상황별로 구체적으로 설정해야 한다. 무턱대고 콘텐츠를 발행하고 기획할 것이 아니라 콘텐츠를 소비하는 타깃층을 먼저 분석하고 집중해야 효과적으로 좋은 콘텐츠를 만들 수 있다.

3장에서 살펴본 대로 콘텐츠 기획이 끝났다면, 콘텐츠를 소비해줄 타깃층을 분석해보자. 타깃층을 분석하기 위해 가장 먼저 콘텐츠를 좋아할 만한 사람들이 누군인지 살펴본다. '글쓰기 초보자를 위한 글쓰기 비법'이라면 그들의 눈높이에 맞춰 기본부터 타깃층이 궁금해할 만한 것을 정리해야 한다.

다음은 필지가 처음 글쓰기 강좌를 론칭하기 전에 거친 타깃
층 분석 과정이다.

글쓰기 초보자들을 위한

글쓰기 비법, 콘텐츠, 주요 타깃층 분석하기

- 나의 타깃층은 누구인가?: 글쓰기 초보자

- 성별은 여성인가, 남성인가?: 여성

- 주로 사는 곳은 어디인가?: 서울

- 연령은 어떻게 되는가?: 30~35세 중에서 시간의 여유가 있는
  엄마

- 주로 어떤 일을 하는가?: 전업주부, 프리랜서

- 그들의 성향은?: 책을 좋아하고, 자기계발에 관심 많다

- 왜 글쓰기를 배우고 싶어 하는가?: 글쓰기를 배워 더 나은 삶을
  영위하길 바란다

이런 방식으로 성별부터, 지역, 나이, 직업과 성향까지 타깃층을 세심하게 분석했다. 글쓰기를 배우고 싶어 하는 사람의 연령은 다양하다. 그렇다고 해서 전 연령층을 타깃으로 삼을 수는 없다. 모두를 만족시킬 만한 프로그램을 기획하는 건 불가능하기 때문이다. 따라서 서비스나 상품을 구매할 의사가 있는 사람들의 범위를 좁히고 좁혀야 한다. 그래야 타깃층이 만족할 만한 상품을 만들어낼 수 있다.

잠재고객이 될 타깃층을 분석했다면 그들이 가진 문제를 파악한다. 사람들은 자신의 문제를 해결해주거나 시간을 아껴주는 것, 나에게 만족감을 주는 것에 지갑을 연다. 아무리 훌륭한 생각을 바탕으로 만들어진 상품이나 서비스라도 고객에게 어떤 이득이나 혜택이 주어지지 않으면 쉽사리 비용을 지불하지 않는다.

사람들이 여행을 가는 이유는 여행지에서 추억을 쌓고 행복감을 느끼기 위해서다. 다양한 사람들의 필요를 충족시키기 위해 여행사는 20만 원짜리 상품부터 1,000만 원이 넘는 초호화 크루즈 상품까지 만든다.

마찬가지로 1인 지식 기업가도 철저하게 '고객'을 위해 콘텐츠를 만들어야 한다. 책을 내고 싶은 사람들에게 책 쓰기 프로세스를 알려주고 책을 내도록 도와주는 서비스는 고객의 문제를 해결해주는 것이다. 한국어를 모르는 외국인에게 한국어를 가르쳐주는 것 또한 고객의 문제를 해결해주는 서비스다.

그런데 필자는 1인 지식 기업을 준비하면서 처음에는 이 사실을 몰랐다. 제공하는 서비스를 이용해줄 고객층까지는 분석했는데, 아쉽게도 잠재고객은 고려하지 못했다. 말하자면, 필자가 하고 싶은 일과 좋아하는 일에만 초점을 맞춘 것이었다. 그러니 잠재고객이 무엇을 불편해하는지, 무엇을 원하는지는 눈치채지 못했다.

여러 번의 시행착오를 거치면서 결국 고객이 원하는 것은 눈에 보이는 이익을 주거나, 지불한 금액 이상의 만족감을 주는 서비스였음을 깨달았다. 20만 원을 주고 강의를 들었지만 30~40만 원짜리 강의라고 느껴져야 고객은 만족한다. 이런 점을 감안해서 질 좋은 지식 서비스를 제공하도록 한다.

한편 고객층이 누구인지에 따라 서비스 만족도가 달라질 수 있다. 예를 들어, 소득이 높은 전문직 종사자라면 100만 원짜리 지식 서비스도 구매하겠지만, 똑같은 상품을 전업주부에게 제공한다면 만족하지 못할 수 있다. 그렇기 때문에 타깃층을 잘 분석하여 그들에게 맞는 서비스를 기획해야 한다. 그래야 타깃층이 만족할 만한 서비스를 만들고 가격을 설정할 수 있다.

다시 말해 '누구에게' 어떤 이익과 혜택을 제공할 것인지, 그들의 문제를 '어떻게' 해결해줄 것인지 잊지 말아야 한다.

벤치마킹으로
나만의 차별성을 찾아라

어느 날, 알고 지내던 A대표가 퇴사하고 1인 기업가가 된 후 어려움을 토로했다. 새롭고 독특한 콘텐츠를 떠올리기가 어려워서 다른 콘텐츠를 이것저것 참고하고 있다고 했다. 자신의 능력을 바탕으로 더 많은 수익을 창출해보겠다는 의지를 가지고 1인 기업을 시작했지만, 생각보다 사업이 부진해지자 불안해진 나머지 잘나가는 다른 대표의 콘텐츠를 따라 하면 성공할 수 있지 않을까 싶었던 모양이다.

개인의 장점이 다르듯이 개인의 콘셉트와 브랜딩도 저마다 다르다. 똑같은 분야의 비슷한 콘셉트를 택한다고 해도 나만의 차별화가 없다면 성공할 수 없다. 자신에게 맞는 콘텐츠도 각자 다르다.

차별화란 자신의 경험을 트렌드에 맞게 변형하는 것을 말한다. 경쟁 상품과 자신의 콘텐츠를 뚜렷히 구분하고 그 우위성^{디자}인, 가격, 편리성 등을 소비자에게 전달함으로써 시장 점유율을 확대하는 것이다. 그러므로 잘되는 콘텐츠를 무작정 따라 하는 것만이 능사가 아니다. 자신의 콘텐츠가 남들보다 우위에 있는지, 그렇지 않은지 한눈에 알아볼 수 있도록 간단하게 표를 만들어 비교해보는 것도 좋다.

자신이 무엇을 해야 할지, 다른 1인 기업가의 콘텐츠와 어떻게 차별화할지 모를 때는 이렇게 표를 만들어서 특징을 나열하면 도움이 된다.

필자는 책을 내면서 많은 작가들을 만나게 되었다. 그중에서도 처음 책을 쓸 때 알게 된 B대표는 100권 넘게 책을 출간하면서, 책 쓰는 방법에 대해 많은 사람들에게 컨설팅하는 일을 했다. 또한 책 쓰기 프로그램과 강연법을 가르치는 수업을 통해 수익을 창출했다.

B대표에게서 수업을 듣거나 글 쓰는 방법을 배워서 책을 쓴 사람들이 많이 배출되었다. 그들도 시간이 흐르자 B대표의 방법을 적용하여 수익을 얻으려 했다. 그러나 생각과 달리 수익 창출은 생각보다 쉽지 않았다. 그 이유는 무엇일까? B대표의 콘텐츠

	A	B	C	자신의 콘텐츠
쌍방향 소통	×	○	○	○
방법	단어게임	개인 과외식 화상 자체 교육 커리큘럼	개인 과외식 화상 과외 중개	개인 과외식 화상 과외 중개 커뮤니티 활성화
가격	무료	다소 비쌈	선생님마다 가격대 다양	합리적인 금액
스타일	편안함	매우 아카데믹	아카데믹	아카데믹
장점	무료, 세계 각국 언어	1:1 장시간 화상 수업	1:1 다양한 가격대의 수업	무료, 세계 각국 언어

교육 콘텐츠의 비교 예시

와 차별화하지 못했기 때문이다. 만약 B대표의 콘텐츠를 그대로 따라 하기보다는, 자신만의 색깔을 녹여냈다면 상황은 달라졌을 것이다.

똑같은 글쓰기, 책 쓰기 콘텐츠나 컨설팅이라도 자신만의 브랜딩을 해야 하고, 자신에게 맞는 타깃 시장을 선택해야 한다. 이때, 자신의 강점을 반영한 브랜딩과 타깃 시장 선정이 중요하다. 이미 있는 콘텐츠를 거듭 내놓아봤자 사람들이 선택할 이유가 없다. 1인 기업일수록 차별화된 전략이 생존의 열쇠가 된다는 점을 잊지 말자.

한편 유명한 J코치는 책 쓰기와 강연법을 가르치며 많은 여성 작가들을 양성하고 있다. J코치는 가격, 콘텐츠, 자신에게 맞는 타깃 시장을 잘 선택하여 틈새 전략을 펼쳤다. J코치에게 어떻게 콘텐츠를 개발하고 있는지, 어떻게 차별화하고 있는지 물었더니, 경쟁자들의 전략을 잘 분석해서 그에 비해 자신이 어떻게 차별화하여 진행할지 막힘없이 답했다. 이렇듯 경쟁사에 대한 탐구와 차별화 전략이 없다면, 그저 그런 특징 없는 비즈니스일 뿐이다.

창업 아이템이나 콘텐츠에 뚜렷한 차별성이 있으면 지원금을 얻는 데도 도움이 된다. 정부지원사업 지원금 경쟁률은 아주 높아서 누구나 자신만의 아이템, 콘텐츠를 가지고 지원한다.

1차 서류 심사에 합격하기 위해서는 차별화 전략을 잘 짜야 한다. 지원자 중에는 같은 아이템이나 콘텐츠가 많다. 따라서 서류 합격 후 발표 평가에서 아이템의 차별성을 확실히 드러낸다면 합격할 확률이 높아진다.

게다가 정부지원사업에서 지원금을 받으면 콘텐츠의 차별성에 대해 전문가로부터 인정받았다는 의미이므로, 이런 평가를 통해 자신의 비즈니스를 검증해볼 수 있다. 또, 서류 심사와 발표 심사를 거치면서 다른 창업가들의 콘텐츠도 참고할 수 있다. 무엇이 다른지, 어떻게 차별화할 것인지 끊임없이 고민하다 보면 콘텐츠는 계속 업그레이드되고 단단해질 것이다.

이렇듯 자신의 아이템, 콘텐츠, 플랫폼을 돌아보고, 과연 다른 콘텐츠와 차별화되는지 확인해보는 시간을 갖는 것이 중요하다.

나눔을 자본으로
바꾸는 기술

출판사 대표이자 《와일드이펙트》의 저자인 유광선은 '나눔'이 사람과 사업이 지속 가능하게 하는 원천이라고 말한다. 인간의 속성 중 하나가 주기Give보다 받기Take를 좋아하는 것이다. 그래서 누구나 주는 사람에게 감사함을 느끼고 자연스럽게 신뢰한다. 이는 인간관계뿐만 아니라 사업에서도 마찬가지로 작용하므로, 지식을 기반으로 한 1인 지식 기업가는 주고 또 주는 '기버Giver'여야 한다.

1인 지식 기업은 콘텐츠를 기반으로 마케팅이 이루어진다. 지식을 콘텐츠로 만들어 올리다 보면, 그 정보를 필요로 하는 사람들이 자연스럽게 몰린다. 지속적으로 퀄리티가 좋은 콘텐츠를 발행하는 사람을 신뢰하는 것은 당연한 이치다.

대개 급성장한 유튜브 채널은 사람들에게 잘 알려지지 않은 고급 정보를 주거나, 기존에 다루지 않았던 주제로 재미와 감동을 주는 경우가 많다. 사람들이 필요로 하는 지식이나 호기심과 궁금증을 채워주는 것이다.

사실 나눔은 주는 사람이나 받는 사람이나 행복함을 느끼게 한다. 알려주는 사람은 누군가에게 도움을 줄 수 있어 기쁘고, 받는 사람은 궁금한 내용을 알게 되어 행복하다.

우리도 모르는 사이에 수많은 기업에서 나눔을 받는다. 문자 서비스의 하나인 카카오톡은 무료로 문자 서비스를 제공한다. 카카오톡이라는 어플리케이션을 깔기만 하면 무료로 문자 서비스를 사용할 수 있다.

카카오톡은 소통 서비스라는 강점을 이용하여 순식간에 전 국민에게 퍼졌고, 휴대폰을 사용하는 사람이라면 카카오톡을 사용하지 않는 사람이 없다. 문자 서비스보다 훨씬 간편하고 이모티콘을 활용하기도 좋다. 이렇게 탐나는 서비스가 무료이니 소비자 입장에서는 사용 안 할 이유가 없다.

그러자 카카오톡은 선물, 금융 서비스, 광고 노출, 카카오 택시 등으로 사업을 확장하여 수익 사업으로 연결시켰다. 처음에는 무료로 시작했지만, 모두 사람들이 필요로 하는 서비스로 확장하면서 고객의 니즈를 잘 파악하여 충족시키고 있다.

한편 구글이나 네이버와 같이 검색 기반 서비스는 사람들이 궁금해하는 내용과 필요로 하는 내용을 모두 무료로 나누는 포털 사이트다. 온라인 기반의 이 회사들은 급성장했고 지금도 지속적으로 성장하고 있다.

이렇듯 기업에서 제공하는 서비스를 관찰하면 1인 지식 기업가가 벤치마킹해야 할 점이 보인다. 온라인으로 지식 서비스를 제공하는 회사는 모두 '무료 서비스'에서 시작을 했다는 공통점이 있다. 질 좋은 서비스를 사람들에게 나누어주면서 신뢰를 얻었고, 그러자 더 많은 사람들이 찾았다. 사람들이 많아지자, 한 차원 높은 서비스를 유료화하면서 수익 구조를 만들었다.

누구나 무료로 이용할 수 있는 유튜브는 구독자가 많은 창작자에게 수익을 나누어주면서 최근 몇 년 사이에 규모가 어마어마하게 커졌다.

왜 모두 무료 서비스를 시작했을까? 아무리 좋은 것이라도 처음부터 그 가치를 알 수는 없다. 자신에게 이익이 되거나 필요하다고 느껴야만 구매로 이어진다. 서비스 기반의 기업은 먼저 공짜로 주면서 사람들의 니즈를 파악하고 그에 맞게 서비스를 개발한다. 그들은 언제나 질 좋은 서비스를 무료로 제공하며 사람들에게 신뢰를 얻었다.

나눔은 선순환이 되어 언제나 주는 사람에게 되돌아온다. 1인 지식 기업가에게도 기업의 원리가 적용된다. 배우고 공부한 것을 잘 정리하여 SNS 콘텐츠로 만들면, 조금 더 자세히 알고 싶은 사람들이 배움을 청할 것이다. 그러면 소모임을 만들고 유료 강의를 시작하면 된다. 비로소 나눔이 자본으로 돌아오는 것이다.

그런데 자신에게 이익이 되지 않는데 힘들게 나눔만 한다며 불평하는 사람들도 있다. 지식 기업은 편의점이나 치킨집처럼 간판을 내걸고 물건을 파는 조건으로 돈을 받는 게 아니라, 눈에 보이지 않는 '지식 서비스'를 판다.

대부분의 사람들은 눈에 보이지 않는 교육에 쉽게 돈을 투자하지 않는다. 교육은 시간을 들여야 성과가 나오는 일이다. 아이들이 교육받고 어엿한 사회인이 될 때까지 30년 가까이 걸리는 것을 보면 알 수 있다. 성인도 마찬가지로 배움이 아웃풋으로 나오기까지 어느 정도 시간이 걸린다.

그러나 대개 돈이 되는 빠른 성과를 얻고 싶어 하기 때문에 교육에 투자하는 돈을 아끼려는 사람이 많다. 이런 사람들에게 신뢰를 얻기 위해서는 먼저 체험의 기회를 주어야 한다. 그것이 '무료 정보 나눔'이다. 그러므로 무료 콘텐츠뿐만 아니라 무료 강의, 무료 컨설팅 기회 등 먼저 나눌 수 있는 것을 생각해서 공유해보자.

먼저 얻으려는 자는 실패한다. 반대로 먼저 주려는 자는 성공한다. 먼저 주어야 얻을 수 있다는 사실을 기억한다면, 나눔이 자본이 되어 돌아올 것이다.

1인 지식 기업자가
알아야 할 수익 시스템

모든 기업의 목표는 수익 창출이다. 기업의 생존은 수익에 의해 결정된다. 매출이 발생하지 않는 기업은 도태된다.

특히 최고 경영자의 역량에 따라 기업의 수익과 성패가 좌우되기 때문에 기업에서 CEO의 역할은 가장 중요하다. 그러므로 1인 회사의 경영자이자, 마케터, 기획자, CS 전문가 역할을 모두 수행해야 하는 1인 기업가라면 수익 시스템을 미리 생각해서 구축해야 한다.

1인 지식 기업가의 수익 구조를 구축하려면 일반 기업을 벤치마킹하면 된다. 기업은 다양한 방식으로 상품을 만들고 매출 구조를 만든다. 화장품 회사의 경우 화장품을 사는 고객층을 고려하여 저가 상품부터 고가 상품까지 구성하는데, 브랜드의 화장품을 선호하는 사람들은 그 브랜드의 상품에 충성고객이 되는 경우가 많다.

이런 수익 구조 시스템을 1인 지식 기업에 적용하면 쉽게 수익 구조 로드맵을 짤 수 있다. 한 카테고리에 속한 지식 상품을 저가부터 고가까지 다양하게 만들 수 있다는 뜻이다.

이때 잠재고객은 무엇을 기대하는지, 혹은 서비스를 받은 고객이 어떤 서비스를 더 원하는지를 파악해야 한다. 즉, 필요뿐만 아니라 욕구까지도 살펴봐야 한다는 말이다. 기초 화장품을 사는 사람은 색조 화장품에도 관심을 가질 확률이 높고, 색조 화장품을 쓰는 고객은 당연히 클렌징 제품을 구매한다.

이처럼 지식 상품에도 연결성이 있어야 재구매로 이어진다. 따라서 고객의 입장에서 그들이 필요로 하는 것을 생각하면서 저가 상품부터 고가 상품까지 고려해본 후 수익 구조를 구축하면 도움이 된다.

예를 들어 필자는 종이책이나 전자책을 출간했는데, 15,000원 내외의 전자책 혹은 종이책을 구매해주는 고객이 있다면 그에 따른 인세가 수입이 된다. 물론 주된 수입이 되기에는 부족하지만, 출판 시장이 좋지는 않아도 꾸준하게 책을 읽는 인구가 있으니 전자책과 저서 역시 1인 지식 기업가에게 는 일종의 상품이 될 수 있다.

또 손쉽게 할 수 있는 방법으로 1인 지식 기업의 콘셉트와 관련 있는 모임을 만들어 운영하는 것이다. 예를 들어 습관 형성 모임을 운영하면 참여 멤버에게 참가비를 받을 텐데, 이는 저가 상품이라고 할 수 있다. 모임 리더는 진입 장벽이 낮기 때문에 조금만 관심을 가지면 진행할 수 있다. 그리고 돈을 떠나 사람들과 소통하면서 자연스럽게 나라는 브랜드를 알릴 수 있는 좋은 기회가 되기도 한다.

어느 정도 전문성을 갖추었다고 판단되면 중가 프로그램을 만들어서 운영한다. 10~30만 원 정도의 중가 교육 프로그램인데 콘텐츠가 탄탄하다면, 이 또한 훌륭한 수익 구조가 된다. 10만 원 정도의 교육 프로그램은 구매자로서도 부담이 없는 금액이다. 이때 자신이 만든 프로그램의 장점을 부각시키고 추가 혜택을 줌으로써 경쟁력이 높이려 노력해야 한다.

또한 고가 정보 상품도 개발해야 한다. 지식 서비스의 경우에는 코칭 프로그램 혹은 자격증 상품이 고가에 속한다. 프로그램이나 서비스를 제공하는 사람의 역량과 경력에 따라 코칭 프로그램의 가격은 천차만별이다. 100만 원대부터 수천만 원대까지 있는

데, 이런 코칭 프로그램은 고객에게 돌아가는 이득이나 혜택이 커야 한다.

예를 들어, B대표는 '정리정돈 전문가 과정'을 고가 서비스 상품으로 제공하고 있다. 코칭을 통해 고객이 정리정돈 전문가로서 독립하도록 도와줄 뿐만 아니라, 자신의 노하우를 아낌없이 전수해주기 때문이다.

게다가 고객이 정리정돈 전문가로 독립한 후에도 그는 자신에게 배운 제자들과 좋은 관계를 유지하면서 영향력을 더욱 확산하고 있다. 이런 과정이 선순환되다 보니 점점 더 많은 사람이 그에게 손을 내밀고 있다.

수익 시스템을 구축할 때는 자신이 목표로 하는 매출 금액을 정하면 어느 금액대의 지식 서비스를 몇 명에게 제공해야 하는지 미리 파악할 수 있다. 이때 주의할 것은 처음부터 목표액을 높게 설정하기보다는 시간이 지날수록 매출이 상승하는 방향으로 계획을 짜야 한다는 점이다.

예를 들어, 첫 달에는 2만 원짜리 정보 상품을 10명에게 팔아서 20만 원을 번다는 식으로 소소하게 접근해야 한다. 처음부터 '월 1천만 원 벌기'를 목표로 한다면 금방 포기하게 될 것이다. 작은 목표를 설정해서 차근차근 높여간다면 두려움 없이 시작할 수 있다.

1인 기업에 관한 컨설팅을 하다 보면 가격을 어떻게 매기는지 질문받을 때가 있다. 그러나 정해진 규칙이나 기준은 없다. 대개 유사한 상품을 찾아 경쟁력 있는 가격을 정하면 진입장벽을 낮출 수 있을 것이다.

한편, 가격이 저렴하다고 해서 꼭 잘 팔리지는 않는다. 1,000원 짜리가 커피가 5,000원짜리 커피보다 반드시 많이 팔리지만은 않는 것과 같은 이치다. 잠재고객이 정보 상품을 선택하는 기준은 다양하기 때문에 가격이 경쟁 우위를 결정하는 것만은 아니다.

처음에 가격을 확정하기 어렵다면 지식 기업 초장기에 다양한 가격의 정보 상품을 만들어서 고객이 어떤 금액대를 많이 선택하는지 반응부터 살피는 것도 좋다. 처음 론칭할 때는 경쟁자보다 조금 저렴하게 제공하다가 차츰 가격을 올리는 것도 도움이 될 것이다.

저가 정보 상품이라고 해서 만족하지 않는 것도 아니고, 고가 정보 상품이라고 해서 모두 만족하는 것도 아니다. 사람은 자신이 내는 돈보다 더 많은 혜택을 얻고 싶어 한다. 그러니까 서비스가 조금 과한 정도가 되어야 고객은 만족할 것이다. 이런 기준은 가격이나 상품을 정하는 데 도움이 될 것이다.

또한 다양한 고객층을 모두 만족시키겠다는 생각을 버려야 한다. 100명의 고객이 있다면 100명의 생각이 다르다. 그렇다면 모두를 만족시키려 헛된 노력을 들이기보다는 소수라도 만족하게 만들어서 진정한 조력자로 만드는 편이 낫다.

지식 상품은 자신의 이름을 걸고 만드는 것이다. 한편 1인 기업도 기업이기에 수익을 내야 한다. 그러나 지식을 상품으로 만들어 사람의 성장을 도와주는 일인 만큼 돈보다는 사람이 먼저다. 이 점을 기억하며 어울리는 수익 구조를 만들어보자.

끌리는 상품
만들기 대작전

SNS에서 본캐 계정과 부캐 계정을 따로 운영하는 사람이 있다. 자신 안에 있는 다양한 페르소나를 표현하기 위해 본업과 부업으로 관심 분야를 나누어 계정을 운영하기 위해서다.

대학원생 H는 명문대 연구실에서 연구원으로 있는 학생인데, SNS상에서 부캐로 북스타그램을 운영하며 자신이 읽은 책을 공유하고 있다. 취미 활동으로 시작했던 SNS가 책 소개 전문 채널로 확장되었고, 본업인 학업도 잘 이어가고 있다.

1인 지식 기업가는 다양한 역할을 수행해야 한다. 상품을 기획하려면 트렌드 분석가가 되어 어떤 상품이 수요가 있는지 살피고 기획해야 한다. 뿐만 아니라 기획한 상품을 효과적으로 홍보하고 판매하는 마케터인 동시에, 고객의 불만 사항도 해결해주는 CS 전문가여야 한다.

특히 1인 기업을 창업한 초기에는 일정한 수입 없이 꾸준히 콘텐츠를 생산하고 상품 기획에 많은 시간을 들여야 한다. 기업에서도 상품을 출시하기 전에 수요를 조사하고 상품 기획에 들어가는데, 1인 기업도 마찬가지다.

필자가 처음 상품을 기획할 당시 인터넷 신문사 대표에게 조언을 구했다. 머릿속에 아이디어들이 구름처럼 떠다닐 뿐 아웃풋이 되지 않았던 것이다.

"큰 부담 갖지 마세요. 어차피 기업에서도 상품을 100개 기획한다고 해도 그중에서도 시장의 반응을 얻는 것은 몇 개 되지 않습니다. 소문 없이 사라지는 상품도 많습니다. 최고의 기획 전문가들이 만들어내는 상품도 그런데, 처음 시작하는 대표님이 시행착오를 겪는 건 당연합니다. 그 사실을 인정하고 차근차근 준비하면 됩니다."

그러므로 상품을 기획할 때 3~4개 정도를 준비해서 다양하게 시도해보자. 어떤 것에서 시장이 반응할지 모르기 때문이다.

그래서 필자는 6개 정도의 교육 프로그램을 기획하여 1년에 걸쳐 차례로 론칭했다. 모든 프로그램이 잘된 건 아니다. 처음 한

두 번은 잘됐지만 반응이 없어져서 조용히 내린 것도 있고, 1년 넘게 유지하긴 했지만 1년이 넘는 시점에서 휘청거린 상품도 있었다.

1인 지식 기업은 쉽게 시작할 수 있지만 유지하기가 만만치 않다. 따라서 다양한 수입원을 확보하고 상품이나 프로그램을 기획해야 한다. 창업 초창기에는 쉬는 날 없이 일만 해야 하고, 수요를 파악하는 데 공들여야 한다.

지식을 프로그램으로 만들기 위해서는 먼저 '자기화 과정'을 거친다. 경험을 통해 배운 지식, 강의로 배운 지식, 책을 통해 얻은 지식을 융합하여 자신의 어휘로 정리하는 것이다. 배움이 배움으로만 끝나는 것은 정리해보는 시간을 통해 자기화하지 않았기 때문이다.

"세상 아래 새로운 것이 없다"는 말이 있다. 대부분은 기존의 것을 업그레이드하거나 재창조한 것들이다. 예를 들어, 휴대폰에 인터넷 기능을 추가하여 업그레이드한 것이 스마트폰이다. 일반 자동차에서 전기로 가는 동력 시스템으로 바꾸어 재창조된 것이 전기차다. 스마트폰도, 전기차도, 원래 있던 것에 아이디어를 더해서 업그레이드하여 새로운 상품을 만들어냈다.

마찬가지로 디지털 지식 콘텐츠이든 책이든 강의안이든 새로운 아웃풋을 만들어내려면, 기존의 것에 자신이 이제까지 배웠던 것들을 접목시켜서 재생산하는 연습이 필요하다.

누구나 사고 싶은 지속성 있는 프로그램, 소위 끌리는 상품을 만들기 위해서는 기존의 것과는 차별성을 만들고 자신만의 색깔을 입혀야 한다.

필자는 책을 쓰고 싶은 사람들을 위해 책 쓰기 프로그램을 기획했는데, 사실 이런 프로그램은 이미 훌륭한 작가분들이 만들어서 운영하고 있다. 그러나 그 시장에 다시 비집고 들어가 고객들이 구매하게끔 하려면 나만의 '차별성'이 필요했다.

그래서 '작가가 되길 원하는 엄마'라는 타깃층을 설정했고, 초고 피드백 서비스를 추가하여 프리미엄 상품을 만들었다. 책 출간 후에는 마케팅 지원 혜택도 주기로 했다. 똑같은 가격의 지식 서비스는 많지만, 필자가 제공한 혜택에 매력을 느꼈던 사람들은 필자의 고객이 되었다.

열여섯 살에 자신의 브랜드 슈퍼잼SuperJam을 만들어 최연소 납품업체 사장이 된 프레이저 도허티는 기업의 생존 전략을 이렇게 간략하게 설명한다. "남들과 조금 다르거나, 낫거나, 싸거나, 빠르면 성공한다. 그러나 독창적인 스토리 혹은 독창적인 브랜드가 가장 큰 성공의 열쇠"라는 것이다.

그러니까 가장 손쉽게 차별화하는 방법이라면 싸게 만들거나 새로운 서비스나 혜택을 추가하는 것이다. 그러면 잠재고객은 더 낮은 가격의 상품을 구매하거나, 같은 가격이라도 더 많은 혜택을 제공하는 곳을 선택할 가능성이 높다.

테슬라의 일론 머스크나 아이폰을 만든 스티븐 잡스처럼 창의력을 발휘하여 세상에 없던 완전히 새로운 상품을 개발할 수 있다면 더없이 좋을 것이다. 그러나 그들은 그런 상품을 개발하기 위해 몇 년 이상, 큰 자본을 들여가며 노력했다.

지식 기업 중에도 기발한 아이디어를 바탕으로 독창적인 상품을 만드는 경우가 있다. 이런 경우, 준비 기간이 아주 오래 걸린다. 다양한 자료를 조사하고 수많은 테스트를 거쳐야 시장에 내놓을 수 있는 것이다. 자신의 교육 프로그램이 기존에 없던 완전히 새로운 것이 아니라면, 기존에 존재하는 것과는 조금은 남다르게 기획해야 한다.

그리고 처음에 만든 교육 프로그램이 완벽하지 않아도 시장에 내놓고 피드백을 들으면서 수정을 거쳐 발전시켜나가야 한다. IT 회사를 보더라도, 일단 준비가 되면 출시하고, 해마다 업그레이드 버전을 출시하면서 더 좋은 상품으로 수정해나간다. 대기업도 출시 후 고객의 피드백을 받으며 상품을 계속 성장시킨다.

그러므로 지속 가능한 지식 기업이 되기 위해서는 고객 만족에 신경 써야 한다. 고객의 어려움을 새겨듣고 이미 출시된 상품에 VOC를 반영하도록 한다. 고객을 진정으로 만족시켜야 고객과 함께 성장하며 앞으로 나아갈 수 있다.

하나의 주력 상품에
집중하라

20 대 80이라는 파레토의 법칙은 누구나 한 번쯤 들어봤을 것
이다. 매출의 80%를 고객의 20%가 내는 현상에서 나온 말이다.
필자가 처음 1인 지식 기업으로 성장할 수 있었던 것도 파레토의
법칙 덕분이었다. 20%의 고객에게 집중하자 매출의 80%가 그 고
객들 덕분에 발생했다.

사람이라면 누구나 '특별한 존재'가 되길 바라는 마음이 있다.
그런데 누군가가 끊임없이 자신에게 관심을 보이고 응원해준다
면 마다할 사람은 없다. 게다가 그렇게 응원해주는 사람이 자신이
어려워하는 문제를 풀 수 있는 실마리를 주거나 해결해준다면 신
뢰하게 될 것이다.

한 가지 브랜드만 고집하는 이유도 알고 보면 단순하다. 그 브랜드를 좋아하기 때문이다. 예를 들어 스타벅스를 좋아하는 사람은 커피 맛은 물론이고 공간이 주는 편안함을 좋아한다. 그런 경험이 쌓이다 보면 그 브랜드를 신뢰하게 되고, 브랜드가 성장할 수 있도록 도와주는 팬이 된다. 스타벅스에서 파는 텀블러를 구매하고, 한정 판매 굿즈를 사기 위해 줄을 서는 수고스러움도 마다하지 않는다.

그래서 개인 브랜드 커피숍을 운영하는 한 대표는 "단골손님 20%가 가게를 먹여 살린다"고 말했다.

사람이 중심이 되는 지식 서비스라면, 고객 한 명 한 명에게 정성을 다할 수밖에 없다. 물건을 구매하는 고객은 브랜드가 제공하는 물건의 단점 하나로 등을 돌릴 수도 있다. 그러므로 지식 서비스를 제공하는 사람은 고객의 마음이 상하지 않도록 정성을 기울여야 한다.

뿐만 아니라, 지식 서비스에도 파레토의 법칙이 그대로 적용된다. 10개의 서비스보다 강력한 지식 서비스 하나가 매출의 80% 이상을 차지한다. 착실하고 견고하게 만든 지식 상품이 가짓수를 채우기 위해 만든 상품보다 효자 노릇을 할 때가 많다.

오프라인 식당과 비교해보면 이해하기 쉬울 것이다. '한우 전문점', '메밀국수 전문점'처럼 주력하는 상품이 하나 있고 그와 어울리는 3~4개의 메뉴가 있는 곳이 20개 이상의 다양한 메뉴를 갖고 있는 식당보다 더 잘된다. 전문성이 있기 때문이다.

그렇기 때문에 식당을 창업할 때는 메인 메뉴를 정하기 위해 다양한 실험을 한다. 가장 맛있는 맛을 내기 위해 경쟁 업체와 비교하고, 더 맛있는 음식을 만들기 위해 노력한다.

'메밀 칼국수' 전문점이라면 원재료인 메밀가루 구입부터 신경써야 할 것이다. 가장 좋은 원료인 메밀 농장을 찾아 계약을 맺고, 메밀국수 뽑는 기계까지 마련하여 식당 내부에서 직접 면을 뽑아 신선함을 추구할 수도 있다. 그러면 다른 식당보다 전문적으로 보인다.

지식 기업가 역시 메인 메뉴, 즉 주력 상품을 정할 필요가 있다. 그리고 주력 상품 하나에 모든 에너지를 쏟아 고객이 만족시켜야 한다.

예를 들어, 처음 공부방이나 학원을 창업한다고 하자. 다양한 고객의 모든 니즈를 만족시키기 위해서는 종합 학원이 낫다고 생각하기 쉽다. 그러나 한 과목을 전문으로 하는 학원이 더욱 유리하다. '수학 전문', '국어 전문', '영어 전문'처럼 전문성이 돋보인다면 치열한 업계의 경쟁에서 우위를 차지하곤 한다.

고객인 부모의 입장에서는 부족한 부분만 채울 수 있는 학원을 찾을 가능성이 높고, 학원의 원장이 전공자이거나 그 과목을 가르친 경험이 많다면 더욱 신뢰하고 자녀를 맡길 것이다. 영어 전문 학원을 선택한 고객은 자녀의 수준이 올라갈 때마다 레벨업 된 프로그램을 재구매할 가능성도 높다. 바로 이것이 '전문성' 있는 프로그램과 특화된 주력 상품이 있어야 하는 이유다.

즉, 지식 서비스를 제공하고 싶은 사람이라면 철저하게 소비자의 입장에 서서 생각해야 상품을 만들 수 있다.

이렇게 오프라인 사업과 유사하게, 지식 기업가 역시 전문성 있는 메인 메뉴 하나를 정할 필요가 있다. 바로 주력 상품이다. 그 후에는 주력 상품 하나에 온 에너지를 쏟아부어 고객이 만족할 만한 성공 케이스를 만들거나 만족도를 높이는 것이 중요하다.

어떤 수학 학원을 나온 아이들이 줄줄이 수학경시대회에서 입상하면 교육의 성과를 보여준 원장에게 신뢰가 갈 것이다. 아이들을 잘 가르쳐주었기 때문에 성과가 나온 것이기 때문이다.

이렇게 지식 서비스를 제공할 때에는 고객에게 교육의 성과를 보여주면 효과가 좋다. 교육의 성과가 가시적으로 드러나면 가르친 사람은 전문성을 인정받게 된다. 처음만 어렵지, 성과를 많이 내면 낼수록 탄탄한 교육 프로그램으로 거듭날 수 있다.

그렇기에 주력 상품에 집중해야 한다. 사람이 가진 에너지는 한계가 있다. 다양한 상품을 만들어 수익의 구조를 늘리고 싶은 것은 당연하지만, 그렇게 되면 전문성은 떨어지게 된다. 전문성을 갖추는 것은 지식 기업가에게 필수다. 처음에는 어렵겠지만, 시간이 지날수록 전문성을 띤 사람들이 더 발전하고 사업이 번창한다.

주력 상품을 정했다면, 그때부터는 가지치기로 그와 관련된 상품을 기획해야 한다. 유사 상품은 주력 상품과 연관성이 있어야 한다. 예를 들어 필자는 책 쓰기 프로그램이 메인 상품이고, 연계 상품으로는 브랜딩 글쓰기, 초고 첨삭 프로그램, 퍼스널 브랜딩 등이 있다. 모두 주력 상품과 연관이 있다.

이런 식으로 강의 콘텐츠의 메인을 하나 정하고 그에 연관된 프로그램을 하나씩 늘려간다면, 수업을 들었던 고객이 재구매하기가 쉽다. 이미 처음 수업에서 강사의 실력을 인정했거나, 효과를 봤기 때문이다.

고기 맛을 아는 사람은 또 다른 고기 맛을 보려고 한다. 한 번 좋은 강의를 들었던 사람은 지적 욕구를 채우기 위해 다른 강의를 들을 확률이 높다. 이것이 재구매율을 높이는 방법이기도 하다.

이런 식으로 주력 상품이 되는 프로그램을 구성한다면 20%의 고객의 80%의 매출을 일으키도록 도와줄 것이다. 그리고 그

20%의 고객에게 감사함을 전하면 선순환이 되어 돌아온다.

20 대 80 법칙은 모든 일에 적용된다. 하나의 주력 상품이 매출의 80%을 차지하고, 20%의 고객이 기업을 지속할 힘을 주는 고마운 조력자라는 사실을 잊지 말자.

1인 기업으로 계속 성장할
시스템을 마련하라

"당신의 꿈은 무엇입니까?"

"1인 기업을 해서 지금 안정화되고 있는 단계입니다. 그다음에는 무엇을 해야 할까요?"

"사업의 승패는 무엇이 좌우할까요?"

몇 년 전에 많이 들었던 질문이다. 1인 기업을 운영하는 사람이라면, 이런 질문을 종종 받는다. 1인 기업가로서 일이 잘 진행된다면, 그다음에는 무엇을 해야 할까? 자신의 콘텐츠가 목표한 시장에서 안정화되고 있다면, 계속 업그레이드를 하며 확장해나가야 한다.

사업에서 성공의 승패는 확장성과 영속성이라고 해도 과언이 아니다. 이 두 가지를 위해 1인 기업가들은 끊임없이 동기 부여를 하며 열정과 꿈을 가지고 멈추지 않는다.

확장성과 영속성의 예로 MKYU의 김미경 대표가 있다. 처음에는 강사로서, 1인 기업가로 시작한 그녀는 스타 강사가 되었고, 지금은 유튜버로도 활동하며 지속적으로 콘텐츠를 생산하고 있다.

유튜브 대학을 운영면서 다양한 강사들을 채용해서 MKYU를 경영하고 있으며, 현재 기준으로 알려진 직원만도 65명이 넘는다. 이렇게 김미경 대표는 1인 기업에서 계속 업그레이드해서 자신의 분야에서 확장해나갔고 회사를 크게 키웠다.

30년 강연 경력을 가진 김미경이 스타 강사로만 머물렀다면, 다양한 강사들의 강의 콘텐츠를 기획하여 제공하는 회사를 만들어서 성장하지 못했을 것이다. 단지 스타 강사로만 기억되었을 수도 있었지만, 강사에만 머무르지 않고 전문적인 콘텐츠를 기획하는 기업을 일구어 기업가가 된 것이다. 오늘날에는 성공의 대명사로 불리며, 많은 청중들의 공감을 받는 대표로 자리매김을 하였다.

김미경 대표도 처음부터 1인 기업가로서 금방 업그레이드를 할 수 있었던 것은 아니다. 그녀는 독서를 굉장히 많이 했고, 책도 집필했다. 그녀의 콘텐츠는 시간과 노력을 바탕으로 나온 결과물이다.

그녀는 음대를 나와서 광고 음악 등을 제작하는 회사에서 직장 생활을 하였으나 적성이 맞지 않았다고 한다. 그 후, 대출을 받아 피아노 학원을 운영하였다. 사업적인 성공은 거두었지만 만족하지 못했다. 결국 29살 때부터 사람들 앞에 서고 싶어 강사 생활을 시작하였다. 강연을 시작하면서 여러 분야의 콘텐츠를 가진 스타 강사가 되었고, 스타 강사가 되기 위해 매일 새벽에 일어나 공부하는 생활을 수년간 했다.

그 결과, 팬과 구독자가 생겨났고 꿈, 연애, 가정, 공부, 직업, 경제 등의 다양한 주제로 많은 청중들을 사로잡았다. 김미경 대표는 강연에서 "꿈이 있는 자는 멈추지 않고 시간과 정성을 들인다"라고 항상 말한다. 그래서 콘텐츠를 업그레이드하면서 다양하게 사업을 확장할 수 있었던 것이다.

일단 1인 기업가로 시작했다면 이렇게 노력하면서 계속 업그레이드하고 성장할 수 있어야 한다.

현재는 부동산 컨설팅 및 콘텐츠로 유명해진 K대표는 육아와 집안일로 경력 단절이 되면서 우울증이 찾아왔다. 엎친 데 덮친

격으로 남편의 사업 부진으로 경제적으로 힘들어지자, 다시 일을 하고 싶어졌다. 그런데 경력 단절과 나이 때문에 취직이 되지 않았다.

그녀는 육아를 했던 경험을 바탕으로 엄마들을 타깃으로 콘텐츠를 개발하기로 마음먹었다. 처음에는 육아맘 콘셉트로 콘텐츠를 개발했다가 실패했다. 그러나 K대표는 멈추지 않았다. 기업을 한다면 크고 작은 실패는 당연하기 때문이다.

그녀는 고민한 끝에 결혼 전에 자격증을 따두었던 부동산 분야를 공략하기로 마음먹고 콘텐츠를 개발하였다. 부동산 관련 책을 출간했고 베스트셀러가 되면서, 사람들은 부동산 재테크 방법을 배우기 위해 고액의 상담료를 지불해서라도 찾아왔다. 그리고 교육 프로그램을 배우기 위해서 전국에서 모여들었다.

그렇게 1인 기업가로서 성공한 그녀는 지금은 아카데미를 설립했고, 직원들을 채용하고 회사도 확장했다. 처음의 실패에서 좌절하지 않고 끊임없이 디지털 미디어를 통해 홍보하면서 자신을 알렸다. 고객들이 자신을 찾아왔을 때 기회를 놓치지 않고 제대로 코칭해주면서 입소문이 더 났고, 계속 업그레이드할 수 있는 계기가 되었다.

1인 기업을 시작한 후 수익을 창출한다고 해서 그 단계에 머무르면 기업을 확장할 수 없고, 더 많은 고객을 수용할 수 없다면 성장하지 못한다. 따라서 처음에는 두렵거나 일의 진행이 늦어지더라도, 계속 업그레이드할 수 있는 중장기 사업 계획을 세우는 편이 좋다.

필자도 수년간 회사에서 다양한 업무를 하며 경험을 쌓았다. 큰 프로젝트도 총괄했고 해외 수주도 하며, 커뮤니케이션이 얼마나 중요한지 몸소 체험했다. 2017년에 책을 출간하면서 베스트셀러가 되니 전국에서 특강 및 강연을 하게 되었고 1인 기업가에 도전했다. 1인 기업가의 노하우를 가지고 교육 콘텐츠를 개발하는 회사를 설립하며, 정부에서 주는 지원금을 받으며 사업을 확장했다.

앞으로도 계속 이 사업을 확장할 예정이고, 언어 교육 콘텐츠를 해외에 수출할 계획도 세웠다. 세계적으로도 교육 콘텐츠의 수요자가 많기 때문에, 서비스를 이용할 수 있는 외국인들을 타깃으로 삼을 것이다. 교육 관련 콘텐츠는 해외 고객뿐 아니라 미래에도 수요자가 끊이지 않을 서비스이므로 사업의 영속성이 있다고 판단했다.

물론 장애도 많고 쉽진 않지만, 필자는 꿈을 가지고 멈추지 않을 것이다. 누구나 꿈을 가지면 목표를 달성하기 위해서 에너지를 발산할 수 있다.

사업의 규모를 확장하지 않더라도, 1인 기업가로서 더욱 다양하게 콘텐츠를 개발하면서 고객들의 피드백을 받고 한층 업그레이드된 콘텐츠를 제공할 수도 있다.

어떤 1인 기업가는 매일 고객들의 피드백을 받아서 자신의 콘텐츠를 업그레이드하기 위해 프로그램을 수정 및 보완한다. 지속적으로 다양하게 업그레이드하는 것이 쉽지 않지만 그는 그것이 자신이 하는 일의 기본이라고 여긴다. 그렇기에 그의 콘텐츠는 날로 업그레이드되고 있다.

1인 기업을 시작했는데 언제 수익을 창출하고 콘텐츠를 다양하게 해서 회사를 크게 키울지 감이 잡히지 않는다면, 일단 서비스 및 콘텐츠를 더 체계적으로 구성하고 해당 분야에서 제일 잘 만든 서비스라고 자부할 수 있도록 기본을 다져야 한다.

처음 1인 기업을 시작할 때는 평생 직업으로 할 수 있을 것이라고 생각한다. 시간이 지나서 성과가 나기 시작하면 점점 일이 많아질 텐데, 시스템이 구축되지 않으면 혼자서는 감당할 수 없을 정도로 일이 몰릴 수 있다. 또는 수익을 창출되거나 일이 잘 진행될수록 일에 대한 욕심이 더 많이 생길 수도 있다. 그때는 팀을 꾸려서 회사 규모를 확장해야 할 것이다. 이럴 때는 혼자서 모든 일을 해낼 수 없으므로 시스템을 계속 업그레이드해야 좋은 성과를 만들 수 있다. 그래야 3년 후, 6년 후의 모습이 달라질 것이다.

백조처럼 우아하게
코칭하라

누구든 힘들게 세일즈를 하고 싶지는 않다. 그보다는 '우아하게' 코칭하고 싶을 것이다. 우아하게 코칭할 수 있는 방법에는 몇 가지가 있다.

첫 번째, 전문 분야나 취미를 살려서 전문적인 지식에 대해 코칭하는 방법이 있다. 전문 분야를 코칭하여 수익을 창출하는 것은 같은 세일즈라고 해도 고객에게 판매하는 접근 방식이 다르다. 아이템이나 프로그램을 직접 판매하려고 홍보하기보다는 지식과 노하우를 공유하며 고객들을 모으는 것이기 때문이다. 지식과 노하우에 가르치는 요소를 추가하면, 힘들게 세일즈할 필요가 없다. 사람들은 코칭을 받기 위해 저절로 모여들 것이다.

예를 들어보자. TV 프로그램 〈우리 아이가 달라졌어요〉, 〈금쪽같은 내 새끼〉에 출연하는 정신과 의사인 오은영 박사는 TV 프로그램에 출연하여 자신의 전문적인 지식과 노하우를 공유하고 부모와 아이를 코칭하면서 유명해졌다.

그러나 오 박사는 TV 프로그램을 통해 자신의 병원에 와서 치료를 받으라며 세일즈를 하지 않는다. 전문가로서 아이들의 행동장애나 심리에 대해 코칭해주고 부모들과 아이들을 상담하는 모습을 보여줄 뿐이다.

원래 정신과라면 찾아가기가 어렵다. 그러나 이제 사람들은 그녀에게 상담받기 위해 모여든다. 코칭을 통해 부모와 아이가 달라지는 모습을 보여줬고, 많은 사람들이 치료받고 싶어 하는 의사가 되었기 때문이다. 이런 면이 자연스럽게 부각되면서, 오 박사는 전문적인 지식을 바탕으로 우아하게 코칭하며 고액의 상담료로 수익을 창출하고 있다.

또 하나의 예로 플라워숍을 운영하는 대표가 있는데, 취미를 한껏 살려서 1인 기업가로 시작해 플라워숍을 창업했다. 처음에는 플라워숍을 홍보하는 홈페이지를 만들려고 했는데, 그 비용이 너무 비쌌다. 그래서 홈페이지를 만드는 대신, 유튜브와 블로그, 인스타그램을 활용하여 관련 콘텐츠를 올렸다.

그랬더니 사람들의 반응이 훨씬 좋아서, 이를 통해 꽃을 사러 손님이 오거나 꽃 구매를 하고 싶다고 메시지를 보내기 시작했다.

그녀는 돈 안 들이고 플로리스트가 되는 방법이나 셀프 꽃꽂이 방법을 포스팅하면서 다양한 채널을 통해 코칭해주었다. 직접 꽃을 팔기보다는 꽃에 대한 지식이나 플로리스트 자격증 강의를 하면서 구독자 수를 늘렸다.

얼마 전에는 플로리스트 프로그램을 개설해서 코칭을 시작했고, 나중에는 책을 출간할 계획까지 세웠다고 했다.

사실 그녀는 코칭이라는 말에서 아이디어를 얻었고, 블로그와 유튜브를 통해서 꾸준히 소통했던 것이다. 그래서 직접적으로 영업을 해서 꽃을 세일즈하는 대신, 플로리스트가 되는 방법, 꽃바구니 만드는 방법 등을 공유하면서 고객들과의 소통에 더 무게를 두었다.

또한 원데이 강좌, 자격증 프로그램 등을 다양하게 만들어서 사람들에게 코칭했다. 꽃을 팔기보다는, 꽃에 대해서 가르치고 플로리스트라는 직업의 가치를 상품화한 것이다. 결국 여러 가지 프로그램을 만들어 우아하게 코칭하며 수익을 창출하고 있다.

두 번째로, 자신이 개발한 콘텐츠 자체를 세일즈하기보다 콘텐츠 만드는 과정이나 시스템에 대해 코칭할 수도 있다. 대개는 콘텐츠를 세일즈하여 수익을 창출하려고 생각하지만, 콘텐츠나 시스템을 개발하기까지의 과정 및 방법을 가르쳐서 수익을 창출할 수 있을 거라고는 쉽게 생각하지 못한다.

또는 자신이 어렵사리 쌓아온 노하우를 가르쳐줬다가 낭패를 볼 수도 있다는 생각에 선뜻 용기를 내지 못하는 경우도 있다. 그러나 사람마다 콘텐츠가 다르고, 같은 콘텐츠라도 사람마다 경험과 생각이 다르며, 색깔과 스타일이 다르기 때문에 코칭을 받는다고 해서 온전히 카피할 수도 없다.

책 쓰기로 1인 기업가로 활동하고 있는 L대표는 글 쓰는 것을 너무 좋아해서 작가로서 1인 기업을 시작했다. 책을 잘 쓰는 방법을 소개하는 콘텐츠를 연구하여 작가 양성 프로그램을 개발한 것이다.

한편으로 그는 책 쓰기에 대한 책을 꾸준히 출간하는 동시에, 책을 잘 쓰는 방법에 대해서 다양한 프로그램을 오픈했다. 그리고 초안 작성하는 법, 퇴고하는 법, 투고하는 법, 피칭하는 법 등을 다양하게 코칭한다. 한편 책 쓰기에 관한 다양한 프로그램을 만드는 법을 가르쳐주며 수익을 창출하고 있다.

플랫폼으로 1인 기업을 시작한 C는 어떻게 정부지원금을 받을 수 있는지, 초기 창업 패키지는 어떤 식으로 진행하는지 등을 콘텐츠로 만들어냈다. 그래서 창업하길 원하는 20대를 상대로 컨설팅한다. 모두 C가 몸소 체험하고 어려움을 겪으면서 경험하고 쌓은 노하우다. C는 개발 단계에서 외주 업체를 선정하는 법부터 팀을 꾸리는 방법, 사업계획서를 잘 쓰는 방법 등 플랫폼을 출시할 때 실패하지 않는 요령에 대해 코칭해서 수익을 창출했다.

자신이 만들어낸 자신의 플랫폼을 이용하라고 직접 세일즈하는 대신, 자신이 겪었던 다양한 방법을 컨설팅함으로써 자연히 플랫폼 홍보도 되고 코칭도 할 수 있었다.

자신이 잘 아는 전문 분야가 있다면, 고객에게 물건을 세일즈하기보다는 전문가로서 고객을 코칭하라. 콘텐츠뿐만이 아니고, 그것을 통해 쌓은 지식과 노하우를 가지고 코칭하는 것은 1인 기업가에게 필수적이다.

Chapter 5

성과로 이어지는
1인 기업 마인드 셋

차곡차곡 쌓인 지식은 때가 되면 큰 자산이 되어 돌아온다.
실패도 마찬가지다.
하나둘씩 쌓인 실패 데이터는 몸 구석구석에 스며들어
더 큰 성공의 자산으로 돌아올 것이다.

나만의 메시지가
1인 기업가의 소명이다

"존재하기 위한 대가로 물질적 가치로 전락한 인간상을 증오한다. …… '나 자신'이란 것이 어렴풋하게나마 되살아나는 것은 퇴근 시간이 될 때 잠깐뿐."

《전태일 평전》에 나오는 대목이다. 그의 이야기가 마치 내 이야기 같지 않은가? 이 구절이 가슴에 와 닿는다면 왜 일을 하는지, 어떤 소명의식이 있는지 생각해봐야 한다.

필자 역시 직장 생활을 하는 10여 년간 그의 말이 내 이야기라고 생각했다. 스펙에 맞춰 화려함을 좇아서 항공사에 취직했지만, 일은 잘 맞지 않았다. 하루 종일 인간 컴퓨터가 된 것만 같아 잘 살아가고 있는 것인지 늘 의문스러웠다. 그리고 퇴근 시간이 되어서야 문득 자신의 존재 이유가 궁금해졌다. 그나마 일하는 대가로 월급이라는 달콤한 사탕이 나왔기에 10년이나 버틸 수 있었다.

그러다가 회사를 떠나 제2의 삶을 준비하려고 할 때 가장 먼저 떠올린 것이 '소명'이었다. 돈이라는 보상도 중요하지만, 누군가에게 도움을 주는 일을 하고 싶었다. 지금은 1인 지식 기업가로 일하면서 소명의식을 찾았기 때문에 만족감이 크다.

'나답게 제2의 직업을 갖고 싶은 사람들을 도울 것', 이것이 필자의 소명의식이다. 이런 생각을 하게 된 데는 이유가 있다. 직장생활을 하고 전업주부로 살면서 '나'라는 정체성이 흔들렸다. 정체성이 흔들리니 당연히 '나다움' 없이 일했고, 불만족한 삶을 살았다.

물론 먹고사는 것도 중요하고 귀한 일이지만, 먹고사는 문제를 넘어서 일을 한다면 왜 일하는지, 어떤 소명의식이 있는지에 대해 생각해봤으면 좋겠다.

특히 이 책을 읽고 있다면 모두 1인 지식 기업에 관심이 많을 것이다. 그러나 유튜브나 블로그에서 보듯 '4시간만 일하고 월 1천만 원 벌기'라는 말에 혹해서 1인 기업을 준비한다면 얼마 가지 않아 포기할 가능성이 높다. 그만큼 만만한 분야가 아니다. 당장 돈이 안 벌리는 창업 초창기뿐 아니라 계속해서 사업을 유지하기 위해서는 소명의식 없이 버티는 건 불가능하다.

사사로운 개인의 욕심보다는 전체적인 그림을 그리고 사회를 이해할 줄 아는 마음을 품고 있어야 큰 기업을 일굴 수 있다. 개인적인 욕심이 앞섰다면 큰 사업체를 이끌어갈 만한 동력은 금방 떨어진다.

1인 기업도 마찬가지다. 일을 왜 하는지에 대한 명확한 목표가 없다면 힘든 일이 생겼을 때 금방 무너지고 만다. 반대로 소명의식이 분명한 사람은 신나게 일을 할 뿐만 아니라 오랫동안 유지할 수 있다.

소명의식이라고 해서 대단한 것이 아니다. '부여된 어떤 명령을 꼭 수행해야 하는 책임 의식'이므로, 1인 지식 기업가의 소명의식은 사람들에게 전달하고 싶은 메시지면 된다. 즉, 사람들에게 전하고 싶은 가치인 셈이다.

필자의 소명의식은 직장인이자 전업주부로서 나다움을 잃어버리고 느낀 갈증에서 시작됐다. '나의 색깔을 잃지 않으면서도 일을 할 수 있지 않을까? 나다움으로도 수익을 낼 수 있지 않을까?'라는 질문에 답하면서 앞으로 나아갈 수 있었고, 하나씩 도전하면서 자신만의 색깔과 창업 아이템을 찾았다.

그런 것들이 하나씩 쌓이다 보니 '제2의 커리어'가 되었고 소명의식을 찾았다. 그것이 나답게 살고 싶은 사람들에게 제2의 직업을 찾을 수 있도록 돕는 것이 된 것이다. 지금은 이런 메시지를 책과 강의를 통해 전달하고 있다.

처음부터 세상에 말하고 싶은 메시지를 찾기는 어려울 수 있다. 자신만의 직업적 소명감은 다양한 경험을 하며 곰곰이 생각하고 찾아야 한다. 자신만의 메시지를 찾기 위해 한 번쯤 고찰해야 하는 근본적인 질문에 답해보면 희미했던 가치관이 조금 더 명확해질 것이다.

나의 소명의식을 찾기 위한 질문 리스트

- 나는 왜 사는가?
- 먹고사는 문제가 해결되면 가장 먼저 무엇을 하고 싶은가?
- 내가 일을 하는 이유는 무엇인가?
- 나의 역량으로 세상에 내놓을 수 있는 것은 무엇인가?
- 내가 하는 일은 사회에 어떤 도움이 되는가?
- 내가 가장 소중하게 생각하는 삶의 가치는 무엇인가?
- 5년 뒤 나는 어떤 모습을 하고 있을까?
- 죽기 전에 꼭 하고 싶은 일이 있는가? 그 일은 무엇인가?

위의 질문에 대한 답을 정리해보자. 이 과정을 거치며 찾아낸 메시지나 소명의식은 1인 기업을 운영할 수 있는 기초가 된다.

1인 지식 기업을 시작한 지 16년 된 송숙희 코치도 《내가 찾은 평생 직업, 인포프래너》에서 가치와 비전, 미션을 한 문장에 담아 사명 선언문을 작성해보라고 조언한다. 사명 선언문을 작성하면 소명이 더 구체적이고 전문성을 띠게 된다. 사명 선언문은 아이덴티티, 타깃 고객, 역량, 방법 등으로 구성된다.

필자 역시 1인 기업을 창업하던 초기에 다음과 같은 사명 선언문을 작성했다.

- 나, 우희경은 개인 브랜드 메이커로(아이덴티티)
- 퍼스널 브랜딩을 통해 제2의 직업을 찾고 싶어 하는 사람들에게 (타깃 고객)
- 책 쓰기와 개인 브랜딩 기획을 통해(역량)
- 자신의 강점과 재능을 찾아 두 번째 직업을 가질 수 있도록 돕는다. (방법)

이렇게 작성한 사명 선언문은 힘들 때마다 자신을 지탱해주는 버팀목이 된다. 일하는 이유가 명확한 사람은 돈만 좇지 않는다. 혼자 운영하긴 하지만 1인 기업도 기업이므로 크고 작은 일은 늘 발생한다. 기업을 운영하며 어려움을 느낄 때마다 위기를 극복할 수 있는 힘은 사명에 있다.

필자와 비슷한 시기에 1인 기업을 준비하던 사람들이 많았는데, 어려운 고비가 닥칠 때마다 한두 명씩 1인 기업가의 길을 포기했다.

반대로 위기를 기회로 삼는 사람도 있었다. 그들은 큰 위기가 올 때마다 방법을 강구하며 한 단계 더 성장했다. 그런 사람들과 이야기를 나누면 똑같이 하는 말이 있다.

"늘 초심을 잃지 않고, 내가 왜 이 일을 하고자 했는지를 돌아보며 극복했습니다."

세상에 내놓고 싶은 메시지가 분명한 사람은 흔들려도 다시 일어서는 마음의 근육이 있다. 끊임없이 생각하고 시도하면서 나만의 메시지를 찾자. 그 메시지가 넘어질 때마다 다시 일어날 힘을 줄 것이다.

부지런한 새가
먼저 이룬다

    일을 하다 보면 많은 창업가와 대표를 만난다. 서로 협업할 때도 있고, 계약을 맺고 일을 요청할 때도 있다. 하지만 1인 기업가 대표가 모두 부지런하거나 프로페셔널하지는 않았다.

    E대표는 일에 필요한 자료를 약속한 날짜에 전달해주는 법이 없었다. 항상 집안일을 처리하느라 바쁘거나, 다른 컨설팅 스케줄로 시간이 없었다고 변명했다.

    1인 기업가는 업무와 관련해서는 약속한 날짜를 제대로 지켜야 한다. 그래야 일에 관해서는 항상 성실하며 프로페셔널한 이미지를 심어줄 수 있다. 이는 커리어를 넓히고 미래의 고객을 확보하는 데 중요하다.

어쩌면 게으름을 피운 E대표는 "어차피 친한 사람과 같이 일하는데 자료 좀 늦게 주면 어때?"라고 생각했는지도 모른다. 하지만 그런 태도는 기회를 놓치고 수익을 제대로 창출할 수 없게한다.

그 이후로 E대표와는 같이 작업하고 싶지 않아서 피하거나, 다른 곳에 소개시켜주는 일을 꺼리게 되었다. 다른 사람에게 특정인을 소개시켜준다는 것은 그의 프로페셔널함을 믿고 보증을 서는 것과 같다. 필자의 생각에는 다른 사람과 일하다가 제대로 결과를 얻지 못할 것 같았고, 그것은 곧 자신의 신뢰도에도 문제가된다.

특히 1인 기업가라면 부지런해야 수익 구조로 연결된다. 1인기업가가 비즈니스 모델로 수익을 창출하려면 손품, 발품을 팔아야 한다. 자유롭게, 자신의 상황에 맞춰 움직일 수 있는 것은 1인기업의 장점이다. 또한 수익을 내는 시스템이 안정되면 경제적인여유를 누릴 수 있는 것도 사실이다. 그러려면 그만큼 부지런히 움직여야 수익 구조를 구축해서 수익을 창출할 수 있고, 개인 브랜딩을 더 잘할 수 있다.

1인 기업가 K와 협업할 때는 사뭇 달랐다. 필자가 교육생을 대상으로 하는 강의를 의뢰한 강사 출신 대표인데, 전국을 돌아다니며 강의를 했고 부지런하기로 소문이 났다. 프로그램 개발, 코칭, 책 출간, SNS 등의 활동을 활발히 하면서 강사 플랫폼을 제공했다.

필자가 그에게 강의를 의뢰하며 자료를 부탁하자, K는 자료를 보기 좋게 정리해서 약속한 날짜에 보냈다. 그뿐만 아니라 강의를 하기 전에 다시 한번 연락해서 확인하고 꼼꼼히 준비했다. 전문적으로 강의를 진행했을 뿐 아니라, 비용도 정확하고 두말이 없었다.

그래서인지 K는 수익도 많이 거두었고, 사람들 사이에서도 신뢰를 얻고 있었다. 다음번에도 강의를 의뢰할 일이 있다면 K에게 다시 부탁하고 싶다는 생각이 들었다.

일의 크고 작음을 떠나서 부지런하면 수익은 저절로 따라온다. 일을 진행할 때 사소한 일이라도 마감 날짜를 지키는 것은 프로페셔널한 자세의 기본이다. 정말로 바쁘거나 어쩔 수 없는 상황에서는 더욱 부지런하게 움직여서 약속한 시간 내에 일을 완료하거나, 상대방에게 양해를 구해야 한다.

그뿐 아니라, 매일 아침을 부지런하게 시작하도록 노력해야 한다. 자기 주도적으로 수익을 창출해내는 1인 기업가에게는 아침 시간이 매우 중요하다.

SNS 마케팅에 주력하여 1인 기업가로 시작해서 강의하는 J대표는 24시간 열정적으로 움직인다. 매일 아침 일찍부터 움직이는데, 그의 활동 영역은 강사, 컨설팅, SNS, 자영업 등 정말 넓다.

부지런함은 곧 열정이 있다는 뜻이다. 열정 없이는 부지런하기 힘들다. 활동 영역도 넓히기 힘들뿐더러, 그 많은 스케줄을 혼자 감당하는 것이 어렵기 때문이다. 그래서 부지런함은 동기를 부여해주고 자기관리를 하는 큰 원동력이 된다.

다른 회사에서 일을 전달받아서 수동적으로 일하는 프리랜서와 달리, 1인 기업가들은 자신이 회사고 회사가 곧 자신이다. 또한 수익 창출 여부는 모두 자신에게 달려 있다. 그러므로 1인 기업가는 부지런히 움직여야 한다.

- 시간을 정해놓고 기상한다.
- 아침마다 하루의 스케줄표를 작성한다.
- 마감이나 약속을 못 지킬 일에 대해서는 상대방에게 미리 양해를 구한다.
- 수익 창출에 대한 생각을 구조화한다.

- 자기 전에 다음 날의 스케줄을 확인하고 일이 마무리됐는지 여부를 확인한다.

단순해 보이는 팁이지만, 이 단순한 것도 막상 지키기는 어렵다. 그럴 때마다 자신이 왜 1인 기업가가 되었는지 떠올려야 한다. 수익 창출을 위해서도 이런 팁이 도움이 될 것이다. "부지런한 새가 먼저 이룬다"는 말은 진리다.

단 한 명의 고객이라도
최선을 다하라

"단 한 명의 고객이라도 최선을 다하라"거나, "고객 가치 최우선", "고객을 만족시켜라" 등의 말은 흔히 일상생활에서 접했을 것이다. 정말로 한 명의 고객에게 최선을 다하는 게 중요할까? 눈앞에 있는 고객에게 몰입해서 고객을 만족시킨다면, 이미 절반은 성공한 것이나 다름없다. 정말로 만족시킨 한 명의 고객은 더 이상한 명이 아니라 강력한 영향력을 미치기 때문이다.

필자가 출간 기념으로 다문화지원센터에서 강연을 진행했을 때였다. 다문화지원센터에서 하는 특강이었기 때문에, 강연을 듣는 사람 중에 외국인이 몇몇 포함되어 있었다. 그들은 열심히 들었지만 한국어에 익숙하지 않았다. 그래서 강연을 듣는 외국인들을 위해 쉬운 단어를 골라 영어도 섞어가며 천천히 강연했다. 그리고 각자 체험할 수 있게끔 하는 방법으로 강연을 이어나갔다. 게다가 강연을 듣던 외국인들의 한국어 수준이 천차만별이어서 강연을 듣고 있던 모든 사람이 이해했는지 일일이 확인했다. 강연이 끝난 후, 그들은 강연이 재미있었다며 좋아했고 많은 것을 배웠다며 또다시 듣고 싶어 했다.

그 후로 시간이 흘러, 강연을 들었던 몇 명의 학생이 컨설팅을 요청했다. 다문화지원센터에서는 강연에 대한 반응이 좋았다며 다른 주제로 또다시 강연을 요청했다.

만약 강연을 듣는 사람들이 고객이라고 하면, 어떻게 그들의 마음을 얻을 수 있었을까? 필자의 화술이 뛰어난 탓이라거나, 책을 냈기 때문이라고는 생각하지 않는다. 강연을 듣고 있던 청중의 눈높이에 맞게 커뮤니케이션하며 한 명, 한 명에게 최선을 다했기 때문이다.

이렇듯 어떤 상황에서든 한 명의 고객에게 최선을 다해 컨설팅을 해야 한다. 한 명의 고객이라도 최선을 다하면 고객들은 다시 찾아온다. 바이럴 마케팅의 효과도 크다.

어떤 기업가들이 고객을 대하거나, 업무와 팀원을 동시에 이끌어가는 태도를 보면 타산지석이 될 때도 많다. 기업가 D와 계약을 맺어서 같이 일을 진행하기로 했는데, 계약을 맺은 후 업무 처리가 계약 전과는 사뭇 달라졌다. 몇 번이나 협의점을 찾으려고 했지만, D의 대답은 항상 바쁘다는 말뿐이었다.

그의 태도를 보면서 필자도 고객의 입장에서 다시 한번 반성하게 되었다. 고객의 말에 반응했는지, 그 의견을 반영했는지, 전문가라고 해서 고객의 의견을 무시한 적은 없었는지, 계약을 맺은 후에도 태도가 항상 일관되었는지 되돌아본 것이다.

반면 처음 말한 비용과 금액이 달라진 경우에도 계약을 했다면 모든 고객에게 한결같이 대응한 1인 기업가 C는 젊은 나이에 성공적으로 회사를 키우고 있다. 처음에는 혼자서 코칭을 하다가, 고객들의 의뢰가 늘어서 점차 회사가 커지고 매출이 성장했다. C는 단 한 명의 고객도 놓치지 않고 끝까지 친절하게 대응하며, 계약이 성사된 후에도 일관된 행동으로 고객을 대했다.

플랫폼을 개발하는 도중에 문제점이 발생했던 적이 있는데, 그때도 연락이 안 된 적이 없었다. 문제가 생겨도 회피하지 않고 지속적으로 해결하려고 노력하며 끝까지 책임을 다했다. 이렇게 끝까지 책임지는 기업에 고객이 늘고 장사가 잘되는 것은 당연한 일이다. 문제가 발생하더라도 일관성 있고 책임감 있게 고객에게 대응하는 태도는 고객에게 좋은 인상을 남긴다.

S대표의 글쓰기연구소에서는 단 한 명의 고객에게도 최선을 다한다. S대표는 필자가 첫 저서를 출간하면서 이어온 인연이다. 그는 1인 창업가로 글쓰기 모임을 주선하고, 다양한 분야의 책을 쓰고 싶어 모여든 사람들에게 글 쓰는 방법을 컨설팅한다.

S대표의 사무실에는 수많은 책이 쌓여 있고, 언제나 작가 지망생 한 명, 한 명에게 정성을 들였다. 그리고 책을 출간할 수 있을 때까지 지원했다. 또한 책을 완성해가는 과정에서 겪는 어려움을 같이 공유했다. 사실 그 시간을 같이하는 것은 쉽지 않은 일이라서, 새삼 S대표에게 놀랐다.

그 결과, 고객들은 출판사와 계약하여 책을 출간할 수 있었다. 이런 태도와 최선을 다하는 자세는 고객들이 계속해서 S대표를 찾는 이유가 되었다. 한 명의 고객에게도 몰입하고 좋은 결실을 맺는다면 절로 홍보가 되어 사람들이 몰린다.

고객의 소리에 귀를 기울이는 것으로도 많은 잠재고객을 만들 수 있다. 상대방의 말을 경청해주는 것은 곧 존중해준다는 뜻이기 때문이다. 《마음을 사로잡는 경청의 힘》에서 래리 바커는 이렇게 말했다.

"가장 강력한 설득의 무기. 나와 보통 세일즈맨의 차이가 뭐라고 생각하십니까? 딱 하나입니다. 나는 고객이 말을 할 때, 절대로 물건이나 실적에 대해 생각하지 않습니다. 그 순간, 나는 아무 생각 없이 고객의 말만을 '경청'합니다. 보통 세일즈맨들은 열에 아홉은 물건과 실적에 대해 생각하지요. 스스로는 고객의 말을 굉장히 잘 듣고 있다고 착각하면서 말입니다."

고객들은 1인 기업가가 자신의 말을 듣는 동안 매출과 계약 성사만을 생각하는지, 경청하면서 진심으로 고객의 말에 몰두하는지 안다.

고객은 서비스에 만족하면 재구매할 뿐 아니라 다른 사람에게도 추천한다. 그러므로 고객 한 명은 사실 한 명이 아니라는 것을 깨달아야 한다. 고객 한 명은 그만큼 소중하다.

한 명의 고객 뒤에는 열 명의 잠재고객이 있다. 단 한 명의 고객에게 최선을 다하는 것이 열 명의 고객을 만드는 비결임을 잊지 말자.

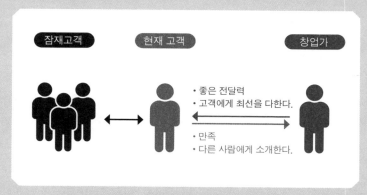

고객 만족도의 영향

멘털 관리는
기본 중에 기본이다

필자가 1인 기업을 시작한 이후로 가장 많이 듣는 질문이 바로 멘털 관리다. 코로나19 이후로 모든 강의와 상담은 온라인을 통해 이뤄진다. 그러다 보니 본의 아니게 온라인상의 모습만 보고 악플을 다는 사람들이 있다. 보고 싶은 모습만 보고 판단한 사람들이 오해하기도 한다.

블로그와 SNS 채널, 단톡방까지 운영하다 보면 해야 하는 일이 너무 많아서 과부화가 걸리는 경우도 있다. 일이 몰릴 때는 한꺼번에 찾아오고, 반대로 썰물처럼 일이 확 사라지기도 한다. 이처럼 1인 기업가의 삶은 매 순간 파도에 휩쓸리지 않기 위해 노를 저어야 하는 어부와도 같다.

사실 1인 기업가의 삶만 그렇지는 않다. 모든 사회생활에서 필수적으로 따라오는 것이 스트레스 혹은 멘털 관리가 아닌가 싶다. 직장인과 다른 점이 있다면 고민을 털어놓을 사수나 동료가 없다는 것인데, 모든 문제에 대해 스스로 해답을 찾고 이겨내야 하기 때문이다.

또한 온라인을 기반으로 강의하는 경우나 책을 통해 콘텐츠를 세상에 알린 경우라면 두려움이 수시로 몰려오기도 한다. 처음 강의를 시작하고 책을 내면 "돈 받고 하는데 이것도 강의라고 하나? 이 수준에 어떻게 책을 써?"라는 반응이 있을까 봐, 사람들의 평가가 냉정할까 봐 두렵고, 악플로 도배되면 어쩌나 겁도 난다. 그러니 1인 기업가의 일은 처음과 끝이 멘털 관리로 이루어진다고 해도 과언이 아니다.

필자와 함께 1인 지식 기업을 준비했던 사람은 몇 차례의 강연에서 좋지 않은 피드백을 받은 후, 멘털 관리에 실패했다. 그 고비를 이겨내고 더 좋은 콘텐츠를 만들면 된다며 응원했지만, 결국 못 견디고 1인 지식 기업자의 길을 포기했다. 그 사람뿐만 아니라 불특정 사람들이 던지는 악플과 냉정한 피드백 때문에 중간에 그만둔 사람들이 적지 않아 아쉽다.

이처럼 1인 기업 초창기에는 수익도 불확실한데 멘털 관리마저 제대로 되지 않는다면 나만의 브랜드를 가진 회사로 키우고 운영하기 어렵다.

따라서 스트레스 관리는 수시로 해야 좋다. 피로가 누적되지 않도록 주기적인 운동과 산책은 필수다. 1인 지식 기업가에게 시간은 돈보다도 귀하다. 한정된 에너지와 시간에 혼자 많은 일을 처리하기 위해서는 '에너지' 관리를 해야 체력 싸움에서 지지 않는다.

필자는 일과 육아를 병행하고 있는 워킹맘이라 운동하는 시간이 절대적으로 부족하다. 그래서 매주 3회는 산책을 통해 지쳐 있는 심신을 달랜다.

피로는 편안하게 쉬기만 해도 어느 정도 해소되지만, 멘털 관리는 그렇지 못하다. 골치 아픈 일이 생기면 몇 날 며칠 동안 고민하고 머리를 싸매곤 한다. 1인 기업 초창기에는 여러 가지 문제로 머리가 아팠다. 시장에서 콩나물값을 깎듯 수강료를 깎는 고객도 있었고, 밤낮 없이 전화로 고민 상담을 요청하는 고객 때문에 일상이 뒤틀리기도 했다. 정신적 스트레스를 받아 며칠씩 잠을 설치기도 했다. 그때마다 멘털 관리의 소중함을 다시 느꼈다.

사업을 해본 적 없는 사람이라면 1인 지식 기업 초기에는 예기치 않은 문제와 맞닥뜨리곤 한다. SNS 악플은 애교에 지나지 않는다. 똑같은 강의라도 사람에 따라 기대치와 만족도가 다를 수 있는데, 전화를 걸어서 더 많은 서비스를 요구하는 고객도 있었다. 감정이 상했다는 이유로 배움을 청하는 교육생이 등에 칼을 꽂고 돌아서는 적이 될 수도 있다. 이렇게 예상하지 못했던 상황들에 직면할 때, 무너지는 멘털을 부여잡아야 한다.

특히, 1인 기업 초창기에는 체계가 잘 잡히지 않기 때문에 여기저기서 문제가 발생할 수 있다. 예산, 고객 관리, 세금 문제 등 모든 것을 혼자 처리하다 보면 구멍이 생기기 마련이지만, 하나씩 처리해나갈 수밖에 없다.

필자는 어려운 문제들이 발생할 때마다 사회생활 경험이 많은 배우자에게 조언을 구한다. 만약 배우자도 잘 모르는 분야라면 사업하는 주변의 선배들에게 물어보면서 하나씩 해결한다. 지금까지도 배우자가 정신을 부여잡게 도와주는 '정신적 멘토' 역할을 해주고 있다.

멘토가 없거나 주변의 친구가 사회생활의 경험이 부족하다면 선배를 멘토로 삼는 것도 좋다. 모든 것이 다 처음인 1인 기업가에게 미리 경험한 선배가 던져주는 한마디는 큰 힘이 된다. 말 한마디가 다시 일어나게 하는 동기를 부여해준다.

사업이 잘되고 바쁠 때일수록 여유를 갖고 일을 조절할 필요도 있다. 한꺼번에 일이 몰릴 때는 혼자 감당하기 어려울 수 있다. 그럴수록 시간에 여유를 둔다거나 양을 조절하면서 관리하면 도움이 될 것이다.

또 잘되던 일이 외부적인 환경의 요인이나 시장의 반응이 좋지 않아 잘 안 될 때도 감정 조절을 잘해야 한다. 필자는 이럴 때 휴가를 얻었다고 여기고 새로운 책을 구상하거나 교육 콘텐츠를 개발한다.

지금은 잘나가는 것 같은 1인 지식 기업가도 거듭 실패하고 시도하면서 자리를 잡았다. 그런 점을 상기한다면 안 될 때는 잘될 때를 대비하기 위한 시간으로 삼는다.

뭐든 혼자서 척척 해내는 것처럼 보이지만, 무너질 때마다 다시 일어서고 가슴 조마조마한 일이 있어도 극복하려 노력하는 것뿐이다. 세상에 쉬운 일은 없다. 빈손으로도 해내는 사람들은 어딜 가도 무엇이든 해낸다. 강한 멘털 덕분이다.

보도 섀퍼는 긍정론자와 부정론자의 차이를 멘털에서 찾는다. 긍정론자는 변화, 성장, 목표 달성에 유리하고, 안 될 이유보다 될 이유를 찾는다. 반면, 부정론자는 습관적으로 잘 안 되는 이유만 찾는다고 한다. 그러므로 긍정론자가 되어 실패해도 거듭 시도하면서 실패를 이겨내고, 넘어지면 훌훌 털고 다시 시작하는 방법밖에 없다.

처음부터 잘하는 일은 없듯이, 태어날 때부터 강철 멘탈도 없다고 생각한다. 1인 지식 기업가에겐 기획부터 판매까지 처음 시작할 때는 부딪쳐 경험하고 배워야 한다. 마찬가지로, 멘탈 근육도 다양한 경험을 통해 훈련해야 한다. 그래야 버라이어티한 창업의 세계에서 살아남을 수 있다.

부자 마인드를 가져야
지식이 자본이 된다

"어떻게 1인 기업을 시작하게 되었나요?"

"책을 많이 읽으면 돈을 잘 벌 수 있나요?"

"지식이 많다고 돈이 되나요?"

"부자 마인드는 뭐죠?"

일반적으로 1인 기업가에게 던지는 질문이다. 누구나 한 번쯤은 궁금해할 만한 내용이다. 성공한 1인 기업가들은 책을 많이 읽고 부자 마인드를 가졌다. 부자 마인드는 돈에만 관심을 가지고 집착하는 것이 아니다.

성공한 1인 기업가들은 부자 마인드를 장착하고 있다. 세상에 좋은 영향력을 끼치고 싶어서 창업한 사람도 있고, 새로운 콘텐츠를 제공하여 모든 사람들에게 편리함을 제공하고 싶은 1인 기업가도 있다. 또는 자신이 좋아하는 일을 하고 싶어서 시작했을 수도 있다. 이렇게 1인 기업가들이 창업하는 데는 돈만이 아니라 여러 가지 이유가 존재한다.

부자 마인드는 목표를 설정하고 동기를 부여하며 여기서 파생된 요소들은 배움을 중요하게 여기게 한다. 그들은 지식의 중요성에 무게를 둔다. 그러면 이러한 생각들이 철학이 되고, 이런 마인드는 부를 부른다.

성공학의 대가 나폴레온 힐은 《생각하라 그러면 부자가 되리라》에서 부에 이르는 원칙을 설명한다. 이는 일에 성공하는 법칙과 비슷하다.

"내 재산을 모으게 해주었던 것은 지식이다. 이러한 지식이 하나의 철학으로 완성되어 성공을 꿈꾸는 모든 사람들에게 도움을 주었으면 하는 것이 나의 소망이다."

이 말은 1인 기업가에게도 고스란히 적용된다. 1인 기업가에게는 이런 마인드가 장착되어야 자본을 만들어낼 수 있는 원동력이 된다.

또한 부자 마인드를 가진 사람들은 다독가이며 지속적으로 배

우는 것을 좋아한다. 아는 만큼 보이듯이, 건강한 마인드와 지식
이 결합되면 자본이 될 수 있다. 게다가 꾸준히 지식을 쌓으며 세
상의 메커니즘을 깨달아야 한다. 워런 버핏, 빌 게이트, 마윈, 국내
굴지의 대기업의 CEO, 성공한 스타트업 대표 등을 봐도 다독가
이자 독서광이다.

그렇다면 부자 마인드는 빈자 마인드와 어떻게 다를까? 알리
바바의 창업주인 마윈은 부자 마인드가 빈자 마인드와 어떻게 다
른지 이렇게 설명했다.

"같이 일하기 힘든 사람은 가난한 사람이다. 자유를 주면 함
정이라 말하고, 작은 비즈니스를 하자고 하면 돈을 별로 못 번다
고 말하고, 큰 비즈니스를 하자고 하면 돈이 없다고 한다. 새로운
것을 시도하자고 하면 경험이 없다고 말하고, 전통적인 비즈니스
를 하자고 하면 어렵다고 말한다. …… 새로운 사업을 하자고 하
면 전문가가 없다고 말한다. 그들에게는 공통점이 있다. 그들은
구글이나 포털에 물어보길 좋아하고, 희망 없는 친구들에게 의견
듣는 것을 좋아한다. 대학교수보다 더 많은 생각을 하지만 장님
보다도 적은 일을 한다. …… 내 결론은 이렇다. 당신의 심장이 빨
리 뛰는 것보다 행동을 더 빨리 하고, 그것에 대해서 생각해보는

대신 무언가를 그냥 하라. 가난한 사람들은 공통적인 한 가지 행동 때문에 실패한다. 그들의 인생은 기다리다가 끝이 난다는 것이다."

모든 일의 출발점이 '의식의 다름'이듯이, 부자 마인드 없이는 그 어떤 지식이나 행동도 기대할 수 없다. 빈자 마인드는 회의적인 생각만 하다가 아무 행동도 할 수 없고, 그렇게 시간은 흘러 인생이 끝난다. 생각이 그 사람의 인생을 좌우한다. 1인 기업가도 실패를 맛보기도 하고 좌절하기도 하지만, 다시 행동하여 어려움을 극복하고 성공할 수 있다.

부자 마인드가 없다면 과연 1인 기업가가 자신의 콘텐츠에 대한 생각과 열정으로 일할 수 있을까? 빈자 마인드를 가진 사람은 계약이 체결되지 않으면 전문가가 없어서 체결이 안 되었다고 하고, 업그레이드를 하자고 하면 돈이 없어서 안 된다고 불평만 할 것이다. 하지만 부자 마인드를 가진 1인 기업가라면 시작부터 이미 출발선이 다르다.

부자 마인드와 빈자 마인드의 차이점을 보면서 자신이 1인 기업가로서 어떤 마인드를 가졌는지 되짚어보자.

부자 마인드란?

- 목표를 명확하게 세운다.

- 끊임없이 배운다.

- 독서를 많이 한다.

- 열정으로 가득하다.

- 동기 부여가 되고 대화가 잘 통하는 사람들과 어울린다.

- 실행력이 있다.

- 긍정적이다.

빈자 마인드란?

- 목표를 세우다가 불가능한 이유를 먼저 생각한다.

- 배움의 필요성을 느끼지 못한다.

- 독서를 많이 하지 않는다.

- 쉽게 포기한다.

- 중요한 인맥을 구별하지 못한다.

- 행동하지 않고 기다린다.

- 부정적이다.

필자는 이제껏 일하면서 수백 명, 수천 명의 사람과 만났다. 그리고 그 모두가 부자 마인드를 가진 것은 아니었다. 부자 마인드를 가진 1인 기업가는 힘든 상황에 처해도 부자 마인드를 가지지 않은 사람들과는 달랐다. 어려움을 극복하고 자신의 분야에서 두각을 드러내면서, 긍정적인 생각과 열정이 실행력과 합쳐져서 무서운 속도로 오늘도 달린다. 그러한 마인드는 자연스럽게 부를 부른다.

신기하게도 부자 마인드와 빈자 마인드를 가진 사람들의 격차는 뚜렷하다. 경제적 자유만을 부르짖으며 매사에 부정적인 빈자 마인드의 1인 기업가는 오늘도 세상이 자신을 몰라봐서 제자리라며 한탄할 뿐이다.

부자 마인드가 없다면 기회가 와도 알아차리지 못한다. 이나모리 가즈오는 《왜 리더인가》에서 "돈도, 명예도, 권력도, 인기도 언젠가는 허물어진다. 사람의 마음이란 거기에 사람이 있는 한 사라지지 않는다"라며 모든 일에 마인드가 제일 중요하다고 강조한다.

부자 마인드를 장착하는 것은 1인 기업가가 목표를 향해 나아가는 데 꼭 필요한 요소이며, 부를 불러오는 중요한 요소다. 누구나 사업에서 성공해서 최고의 반열에 오르고 싶다는 목표가 있을 것이다. 그렇다면 부자 마인드를 가져야 그것이 자본의 시작이 될 것이다. 그런 의식의 시작이 없이는 밑 빠진 독에 물 붓기와 같다.

몸으로 깨우친 지식은
잊어버리지 않는다

"실패하지 않는 것이 가장 큰 실패다."

유럽에서 도시락 사업을 하며 성공적인 사업가가 된 켈리 최 회장의《파리에서 도시락을 파는 여자》에 나왔던 구절이다. 필자가 퇴사 후 방향을 정하는 데 큰 깨달음을 주었던 책이기도 하다. 실패하지 않았다는 것은 어떤 시도도 하지 않았다는 뜻이라며, 실패를 통해 제대로 배울 수 있다고 저자는 역설한다.

성공과 실패를 가늠하는 것은 의외로 단순하다. 어떤 일이 성과로 이어지려면 실패를 딛고 다시 시작하면서 될 때까지 해야 하고, 실패할 때 주저앉아버리면 그것으로 끝이다.

그러나 막상 실패하면 이런 단순한 진리도 잊어버린다. 나에게만 모든 불행이 쏟아지는 것 같고, 하는 일마다 되는 일이 없는 것만 같다. 필자 역시 여러 번의 시행착오를 겪고 나서야 켈리 최 회장의 말을 가슴 깊이 새길 수 있었다. 그리고 모든 실패의 경험 이 산 지식이 되었다.

아무 준비 없이 시작한 창업에서 실패했던 경험이 여러 번 있 다. 처음에 옷을 좋아한다는 이유로 작은 옷가게를 열었다가 3년 만에 문을 닫았는데, 세일즈, 재고 관리, 매출 관리, 고객 관리 등 장사의 기본을 배울 수 있는 소중한 경험이었다. 쓰라린 기억이지 만 돈을 주고도 배우기 힘든 경영의 기초를 배웠다. 그때 느꼈던 것 중 하나가 다양한 변수가 발생한다는 것이다. 무엇보다도 세상 의 변화와 트렌드가 가장 큰 변수였다.

그 후 시도했던 지식 창업은 필자로서는 새로운 아이디어를 바탕으로 한 것이었다. 여행과 교육을 접목하여 태교 여행 프로그 램을 개발했다. 그래서 900개가 넘는 여행 관련 콘텐츠를 만들어 서 올렸고, 잠재고객도 모았다. 여행사 미팅을 통해 숙박과 렌터 카 조율까지 마친 상태였다.

그렇게 출시 준비를 마쳤지만, 협업으로 이루어져야 하는 여 행 프로그램의 특성상 조력자를 구하지 못했다. 게다가 마케팅과 여러 기관의 미팅을 진행하기에는 육아가 발목을 잡았다. 막 시작한 여행 교육 프로그램은 시작도 제대로 해보지도 못하고 가차 없이 무너졌다. 그때 생각하지 못한 주변 환경이 사업에 영향을 미칠 수 있다는 것을 깨달았다.

그러다가 마지막이라는 마음으로 시도했던 엄마의 성장 프로그램은 코로나19의 악화로 오프라인 강의를 하는 길이 막히면서 실패하는 것 같았다. 그렇게 수정에 수정을 거치면서 온라인으로 급하게 노선을 변경했다.

우수한 인력풀을 보유한 기업이라면 모든 상황을 대비하여 다양한 프로그램을 준비했을 테지만, 개인이 하는 1인 기업이라 상황이 녹록지 않았다. 당장 교육 프로그램을 개발하고 마케팅에 힘쓰며 고객 관리까지 혼자 해야 하는 상황에 미래를 위한 준비를 따로 할 수 없었다.

줌^{zoom}을 배우고 온라인 채널 관리에 힘을 쓰면서 고객의 니즈를 파악하여 교육 프로그램을 개발해야 했다. 이 과정은 1인 지식 기업가에게 유연하게 변화에 대처하는 능력이 얼마나 중요한지 깨닫는 계기가 되었다.

이처럼 몸으로 익힌 지식은 지혜가 되어 소중한 자산이 되었는데. 실패할 때마다 역시 안 된다며 좌절해버리면 다시는 돌아올 수 없는 강을 건널지도 모른다.

자꾸 실패를 거듭하다 보면 주변에서 말리는 경우도 있다. "꼭 그 일을 해야겠니? 안 되는 일 붙잡고 늘어지지 마"라는 말을 많이 들었다. 그럴 때마다 앨버트 아인슈타인의 명언을 되새기며 마음을 다스렸다.

"처음에 그들은 왜 하냐고 물어보겠지만, 훗날 그들은 어떻게 했냐고 물어볼 것이다."

실패를 딛고 끝까지 노력한 결과, 그의 명언처럼 사람들이 안 되는 일을 왜 하냐며 말리던 것들이 또 다른 콘텐츠로 재탄생되었고, 이제 사람들은 필자에게 어떻게 해냈는지 묻는다.

성공적인 1인 지식 기업가들 중에서 첫 시도부터 잘된 사람은 많지 않다. 여러 번의 시도 끝에 성공하는 경우가 훨씬 많았다. 잘된 사람이 눈에 잘 뜨일 뿐, 잘나가지 않을 때는 눈에 보이지 않았던 것이다. 모두 몇 년간 꾸준하게 활동하고 다양한 프로젝트나 프로그램을 선보이면서 자리를 잡았다.

필자도 여러 번 실패해봤기 때문에 그것을 극복하는 것이 얼마나 어렵고 고통스러운지 알고 있다. 보통은 실패했다는 사실보다 실패한 자신에 대한 원망과 실망이 더 커지기도 한다. 객관적인 사실보다 감정에 매몰되어 포기하는 것이다.

그러나 1인 지식 기업가로 독립하고 싶다면 실패에 대해 유연한 자세를 가져야 한다. 실패는 내일의 성공적인 사업을 위한 시행착오일 뿐이다. 오히려 아무도 가르쳐주지 않았던 것을 직접 경험하고 배우는 과정을 행운이자 축복이라고 여겨야 한다. 실패를 통해 객관적인 시장의 반응을 알 수 있고, 무엇을 놓쳤는지 파악할 수 있기 때문이다.

한편 실패를 많이 한 사람일수록 앞으로 실수할 확률을 줄일 수 있다. 지인인 A대표는 사업을 시작한 지 25년 만에 호황기를 맞이했다. 그러나 일이 잘 안 풀리던 25년간은 자금이 막힐 때마다 애를 먹었다고 한다. 수없이 은행 대출을 거절당해 매일같이 포기하고 싶었고 몇 번이고 사업 아이템이 바뀌었지만, 결국에는 한 아이템이 사회적 흐름에 맞아 '초대박'이 난 것이다. 지금은 매출 500억 원 규모의 CEO가 되었고, 은행 지점장이 대출을 해주겠다고 먼저 찾아올 만큼의 VIP 고객으로 성장했다.

현재 100여 명의 직원과 함께 일하는 중견 기업의 CEO가 된 A대표 역시 1인 지식 기업으로 시작했다. 그의 이야기를 들으면 "포기만 하지 않으면 기회는 언제든지 온다"는 것과 "사람마다 때가 있다"라는 점을 느끼게 된다. 사람들은 시대를 잘 타서 사업 아이템을 정했다고 말하지만, 매일 공부하면서 미래의 아이템과 현재의 트렌드를 연구했다. 앞서서 준비하면 반드시 기회가 온다는 뜻이다.

한 방을 노리는 사람들은 중간에 포기하곤 한다. 1인 지식 기업도 마찬가지다. 남 하는 것만 보고 쉽게 여겨서 뛰어들었다가는 큰코다친다. 철저하게 준비하고 분석하고 공부해야 한다. 무엇보다 실패를 긍정적인 마음으로 받아들이고 스승이라고 여기고 배워야 한다.

차곡차곡 쌓인 지식은 때가 되면 큰 자산이 되어 돌아온다. 실패도 마찬가지다. 하나둘씩 쌓인 실패 데이터는 몸 구석구석에 스며들어 더 큰 성공의 자산으로 돌아올 것이다. 그날을 위해 준비만 하면 된다. 더 큰 미래를 위해.

3년 후, 어떤 인생을 살고 싶은가?

코로나19 이후, 완전히 다른 세상이 되었다. 지식과 정보가 더욱 중요시되며 이와 관련된 서비스들도 많이 생겨났다. 또한 온택트가 확장되며 콘텐츠의 힘이 더욱 강해졌다.

이런 세상에서 1인 기업가로서 3년 후의 모습을 상상해보자. 자신의 지식과 노하우를 코칭하는 1인 기업가, 특정 분야에서 정보나 기술 노하우로 서비스를 만들어서 상품화하는 1인 기업가, 자신이 좋아하는 일을 하며 콘텐츠에 관해 강의하는 1인 기업가, 서비스를 업그레이드하면서 회사를 키운 1인 기업가 등, 성공한 모습을 떠올릴 것이다.

이제는 한 단계 더 나아가기 위해 꿈과 비전, 또 다른 도전을 다시금 준비할 시기다. 《왜 리더인가》에서 이나모리 가즈오는 "예기치 못한 변수가 발생해 일이 어그러졌을 때조차 주저앉는 대신 그 자리에서 훌훌 털고 일어나 뚜벅뚜벅 다시 걸어간다. 마음속에 염원을 품은 리더란 바로 이런 사람들이다. 자신이 세운 목표를 달성하기 위해 몇 번이고 묵묵히 도전할 수 있는 상상력과 여유를 품은 사람들이다"라고 말한다.

1인 기업가는 이렇게 살아간다. 어쩌면 이것은 1인 기업가의 소명이자 피할 수 없는 운명이다. 강한 염원과 도전을 통해 3년 후에는 어떤 인생을 살고 싶은가?

아직 매출이 높은 것은 아니지만 자신에게 만족하는 삶을 살고 있다고 말하는 지인이 있다. 다른 사람들은 잘 다니던 대기업을 나와 1인 기업을 시작한 그를 이해할 수 없다고 하지만, 좋아하는 일을 하면서 수익을 창출하는 지금의 삶이 훨씬 편하고 행복하단다. 언젠가는 이 일이 더 잘되리라는 꿈을 꾸며, 인생의 주인공으로 살아가고 있다. 젊지 않은 나이에 1인 기업가가 된 그의 말에 진심이 묻어났다.

그는 아이템을 개발하고 디지털 미디어 및 유튜브 등을 세팅하느라 밤낮없이 일했다. 오히려 회사 다닐 때보다 1인 기업가가 된 후 더 바빠졌다. 하지만 그의 얼굴은 행복해 보였고, 인생에 활기가 돋는 듯했다. 아무리 힘들어도 자신이 좋아하는 일, 잘하는 일을 하며 자신에게 만족하는 삶을 살고 있기 때문이다.

애플의 창업자 스티브 잡스는 "내가 계속할 수 있었던 유일한 이유는 내가 하는 일을 사랑했기 때문이라 확신합니다. 여러분도 사랑하는 일을 찾아야 합니다. 당신이 사랑하는 사람을 찾아야 하듯, 일 또한 마찬가지입니다"라고 했다. 힘들어도 극복하고, 사랑하는 일이기 때문에 계속할 수 있고, 그런 자신에게 만족하는 삶은 소중하다.

1인 기업가를 시작하지 않았다면 겪어보지 못할 다양한 경험을 쌓았고, 그런 주옥같은 경험들이 콘텐츠가 되었다. 콘텐츠를 개발하여 서비스를 만들어 출시하는 과정에서 많은 사람들을 만나면서 인생 공부를 하는 셈이다.

콘텐츠의 차별화를 위해서는 가까운 미래를 먼저 내다보는 눈이 필요하고, 그러려면 책을 읽으며 공부해야 한다. 그래야 생각의 근육이 생기고 그것을 콘텐츠에 반영할 수 있다.

무엇보다 1인 기업가는 콘텐츠나 아이템으로 세상에 좋은 영향력을 미쳐야 한다. 세상에 좋은 영향력을 미치는 일이라고 해서 거창한 의미가 아니다. 자신의 경험과 전문성으로 콘텐츠를 제공하여, 많은 사람들의 삶을 달라지게 하거나 도움을 주면 된다. 스티브 잡스는 "나머지 인생을 설탕물이나 팔면서 보내고 싶습니까, 아니면 세상을 바꿔놓을 기회를 갖고 싶습니까?"라고 물었다. 1인 기업가가 되어 노하우를 전수하거나, 경험과 전문성을 바탕으로 만든 서비스를 통해 많은 사람들에게 도움이 되거나 조금이라도 세상이 나아지는 데 일조한다면 얼마나 보람 있는 삶일까?

자기 자신에게 만족하는 삶, 지속적으로 배우면서 성장하는 삶, 세상에 좋은 영향력을 미치는 삶을 살고 싶은가? 어떤 인생을 살고 싶은지 결정했다면, 행동하라.

완벽한 퇴사

초판 1쇄 인쇄   2022년 8월 10일
초판 1쇄 발행   2022년 8월 17일

지은이   우희경 · 전민경
펴낸곳   Prism
편집인   서진

편집진행   성주영
책임편집   한홍

마케팅   김정현 · 이민우 · 김이슬
영업   이동진

디자인   양은경

주소   경기도 파주시 광인사길 209, 202호
대표번호   031-927-9965
팩스   070-7589-0721
전자우편   edit@sfbooks.co.kr
출판신고   2015년 8월 7일 제406-2015-000159

ISBN   979-11-91769-19-7(03320)